화,

이해하면 사라진다

화,

성내지 않고. 참지 않고. 화를 버리는 법

이해하면 사라진다

일묵 지음

불광출판사

사람들은 살면서 괴롭고 원하지 않는 일들을 마주하게 됩니다. 이럴 때면 스트레스, 짜증, 우울, 슬픔, 분노, 절망 등의 마음이 일어나면서 많은 정신적 고통을 겪게 됩니다. 불교에서는 이와 같은 마음을 통틀어 '성냄' 또는 '화'라고 합니다.

화는 자신을 괴롭게 할 뿐만 아니라 타인도 괴롭게 하는 아주 해롭고 위험한 마음입니다. 화를 내면 먼저 자신이 고통스럽습니다. 화를 일으키는 것 자체가 정신적인 괴로움을 가져오며, 화가 제어되지 않고 자라게 되면 우울증, 공황장애 등과 같은 병적인 증상으로 이어집니다. 또한 화가 많으면 몸도 불편해지고 육체적인 통증도 더 많이 경험하게 됩니다. 심지어 현대 의학에서는 화의 일종인 스트레스를 수많은 질병의 발병 원인으로 지목하고 있습니다. 더구나 화는 타인도 고통스럽게 합니다. 화를 기반으로 인간관계에서 수많은 갈등과 고통이 생길 뿐 아니라 폭력, 살인, 테러 등 수많은 사회적 문제 등이 발생합니다.

이러함에도 사람들은 화를 어떻게 이해하고 버려야 하는지를 잘 알지 못합니다. 살면서 화에 대해 제대로 배운 적이 없기 때문입니다. 그래서 사람들은 자기가 나름 체득한 방식대로 화에 대처하며 삽니다. 화가 나면 자극적인 음식을 먹거나 술을 마시거나 음악을 듣거나 영화나 드라마를 보거나 데이트를 하는 등 감각적 욕망을 즐김으로써 풀기도 하고, 때로는 화를 분출하고 터트려서 해소하기도 하며, 반대로 화를 억누르고 참으려 노력하기도 합니다.

그러나 화를 욕망으로 풀다 보면 욕망이 점점 커지면서 그 반작용으로 불만족도 커지게 됩니다. 화를 터트리는 것은 나와 타인 모두를 괴롭게 합니다. 억눌러 참은 화는 사라지지 않고 내 몸과 마음을 병들게 하는 등 괴로운 결과를 가져옵니다. 이렇게 우리가 화를 다루는 방식은 오히려 화를 더 키울 뿐입니다. 하지만 화를 버리는 올바른 지혜와 방법을 배워서 열심히 수행한다면 화를 진정으로 버릴 수 있습니다.

그러면 어떻게 해야 화를 버릴 수 있을까요? 화를 버리려면 화를 분명하게 이해해야 합니다. 다시 말해서 화란 무엇인지, 화의 원인이 무엇인지, 화를 버리는 방법은 무엇인지, 화가 버려지면 어떤 마음이 되는지, 화를 어떻게 예방할 수 있는지 등을 철저히 이해해야 합니다. 이렇게 화에 대해서 철저히 통찰하면 화를 버릴 수 있습니다. 이것이 이 책에서 다루고 있는 주된 내용입니다.

다만 화의 구조를 철저히 이해하여 화를 버리기 위해서는 먼저 사람들이 세상을 알고 분별할 때 주도적인 역할을 하는 '마음'에 대한 기본적인 이해가 선행되어야 합니다. 그래서 이 책 본문 첫머리에서는 마음을 올바르게 이해하기 위해 꼭 알아야 할 내용을 정리하였습니다. 즉 마음과 세상의 관계, 괴로움과 괴로움이 발생하는 원리, 괴로움이 일어나게 하는 마음, 괴로움을 소멸하게 하는 마음 등을 설명하였습니다. 이를 통해 화를 버리는 수행에서 필수적으로 알아야 할 마음에 대한 기본적인 이해가 가능할 것입니다.

필자는 이 책에서 붓다의 가르침을 기본으로 하여 화를 이해하고 버리기 위한 올바른 지혜와 방법을 쉽고 분명하게 제시하기 위해 노력했습니다. 이 책을 읽어가다 보면 화가 무엇인지, 화의 원인은 무엇인지, 화를 어떻게 버려야 하는

지, 화를 어떻게 예방할 수 있는지 등에 대한 지혜를 얻을 수 있을 것입니다.

물론 화를 버리는 올바른 방법을 배웠더라도 그것을 삶 속에서 실천해 실제로 자신의 화를 버리는 것은 자신의 몫입니다. 이것은 그 누구도 대신해 줄 수 없는 일입니다. 화를 버리는 방법을 알았다면 그것을 실제로 실행하고 체득하기 위해 열심히 노력하는 일이 무엇보다 중요하다는 점도 잘 기억해야 합니다. 부디 이 책이 화로 인해 고통받는 분들로 하여금 괴로움에서 벗어나기 위한 여정에 작은 등불이 될 수 있기를 바랍니다.

이 책이 완성되기까지 많은 분들의 도움이 있었습니다. 먼저 제게 많은 지혜를 주셨던 세상의 스승들에게 감사드립니다. 제가 출가한 후에 여러 방면으로 저를 지지해 주고 도움을 주신 스님들과 모든 분께 감사드립니다. 이 책의 출판을 위해 여러모로 애써 주신 출판사와 자료를 정리해 주신 분들, 자신의 수행 경험을 공유할 수 있도록 허락해 주신 분들에게도 감사의 말씀을 전합니다.

불기 2565년 7월 일묵 삼가 씀

차례

2

화를 버리는 지혜

3
화를 버리는 수행

1

화에 대한 올바른 이해

01

**괴로움과
행복은
마음이 만든다**

마음이 대상을 안다

사람들은 살아가면서 다양한 일을 겪습니다. 때로는 보고, 듣고, 맛보고, 냄새를 맡고, 촉감을 경험합니다. 때로는 행복이나 괴로움을 경험하고, 기뻐하고 슬퍼합니다. 때로는 좋아하고 싫어하고, 집착하고 멀리합니다. 때로는 성공하고 실패하고, 재산을 얻고 재산을 잃어버리는 경험을 합니다. 그러면 이렇게 우리가 살아가는 세상에서 다양한 일들을 느끼고 인식하고, 좋아하고 싫어하고, 경험하는 등 세상을 아는 작용을 하는 것은 무엇일까요? 그것은 바로 '마음[citta, 心]' 또는 '의식[viññāṇa, 識]'입니다. 다시 말해서 마음 또는 의식이 세상에 있는 현상들을 아는 것입니다. 그리고 마음을 통해서 알게 되는 모든 현상을 '대상[ārammaṇa, 境]'이라 부릅니다. 그래서 사람들의 삶의 실상은 한마디로 마음이 대상을 아는 일이 이어지는 것이라 할 수 있습니다.

마음은 빨리어 찟따citta의 번역입니다. citta는 문자적으로 주로 '심장'을 의미하지만, 여기서는 대상을 아는 특성이 있는 정신 현상을 뜻합니다. 의식은 빨리어 윈냐나viññāṇa의 번역인데 viññāṇa는 대상의 이모저모를 분별하는 특성이 있는 정신 현상을 말합니다. 그래서 사실 마음 또는 의식은 동의어이며 둘 다 대상을 아는 작용을 하는 것입니다. 단지 차이가 있다면 마음은 대상을 아는 작용을 주도하는 역할을 강조할 때 주로 쓰는 용어이고, 의식은 대상에 관하여 이모저모를 분별하는 의미를 강조할 때 주로 쓰는 용어라는 것뿐입니다. 이처럼 마음 또는 의식은 대상을 아는 특성이 있는 정신 현상을 말합니다. 그런데 마음은 형체나 모양이 있는 사람의 몸이나 돌덩이 같은 물질[rūpa, 色]과는 다름에 주의해야 합니다. 물질은 형체도 있고, 모양도 있고, 보거나 만질 수 있습니다. 하지만 마음은 형체도 없고, 모양도 없으며, 만질 수도 없습니다. 단지 대상을 아는 작용이 있을 뿐입니다.

대상은 빨리어 아람마나ārammaṇa의 번역인데 ārammaṇa
는 '즐기는 것'이라는 의미를 담고 있습니다. 마치 아름다운
정원은 사람들이 즐기는 곳인 것처럼, 대상은 마음이 분별
하고 알기를 즐기는 것이란 의미를 담고 있습니다. 그래서
대상은 마음이 알고 분별하는 모든 현상을 총칭하는 말입니
다. 예를 들어 산, 물, 불, 바람, 아름다운 경치, 즐거운 소리,
좋은 냄새, 달콤한 맛, 몸의 감촉, 세상, 사람, 동물, 개념 등
마음을 통해 알게 되는 모든 현상이 대상입니다.

대상은 마음이 눈, 귀, 코, 혀, 몸, 마음의 여섯 감각 기능
[根] 중에 어떤 것을 통해서 아느냐에 따라 형상, 소리, 냄새,
맛, 촉감, 법의 여섯 가지로 나눌 수 있습니다. 다시 말해서
마음이 눈[眼]을 통해서 아는 대상은 형상[色], 귀[耳]를 통해
서 아는 대상은 소리[聲], 코[鼻]를 통해서 아는 대상은 냄새
[香], 혀[舌]를 통해서 아는 대상은 맛[味], 몸[身]을 통해서 아
는 대상은 촉감[觸], 마음[意]을 통해서 아는 대상은 법[法]이라
합니다.

좀 더 부연해 설명하면 형상과 눈이 접촉할 때 형상을
아는 마음이 일어나는데 이것은 눈을 통해 아는 마음 또는
의식이라는 의미에서 '눈 의식[眼識]'이라 부릅니다. 소리와

귀가 접촉할 때 소리를 아는 마음이 일어나는데 이것은 귀를 통해서 아는 마음이라는 의미에서 '귀 의식[耳識]'이라 부릅니다. 냄새와 코가 접촉할 때 냄새를 아는 마음이 일어나는데 이것은 코를 통해 아는 마음이라는 의미에서 '코 의식[鼻識]'이라 부릅니다. 맛과 혀가 접촉할 때 맛을 아는 마음이 일어나는데 이것은 혀를 통해 아는 마음이라는 의미에서 '혀 의식[舌識]'이라 부릅니다. 촉감과 몸이 접촉할 때 촉감을 아는 마음이 일어나는데 이것은 몸을 통해 아는 마음이라는 의미에서 '몸 의식[身識]'이라 부릅니다. 이때 형상, 소리, 냄새, 맛, 감촉은 눈, 귀, 코, 혀, 몸의 오감五感을 통해 알게 되므로 이들을 특히 '다섯 감각 대상[五境]'이라 부릅니다. 또 법과 마음이 접촉할 때 법을 아는 마음이 일어나는데 이것은 오감을 의지하지 않고 마음을 통해 바로 안다는 의미에서 '마음 의식[意識]'이라 부릅니다. 여기서 한 가지 주의할 것은 눈 의식, 귀 의식, 코 의식, 혀 의식, 몸 의식, 마음 의식은 어떤 감각 기능을 통해서 마음이 대상을 아느냐에 따라 편의상 분류한 것이지 모두 마음 또는 의식이 작용하는 것이라는 점입니다. 마치 같은 불이지만 나무로 생긴 불은 모닥불, 연탄으로 생긴 불은 연탄불, 성냥으로 생긴 불은 성냥불,

숯으로 생긴 불은 숯불, 초로 생긴 불은 촛불, 기름으로 생긴 불은 등불로 이름 붙이는 것처럼.

마음이 있으면 세상이 있고
마음이 없으면 세상이 없다

마음은 대상을 아는 특성이 있는 현상이고, 대상은 마음에 의해 알게 되는 모든 현상을 말하므로 마음과 대상은 매우 밀접한 관계가 있습니다. 마음이 작용할 때 비로소 대상을 알 수 있고, 대상에 대하여 알았다는 것은 마음이 작용했음을 의미합니다. 그래서 사람들이 세상을 경험한다는 것의 실상은 마음이 세상을 분별하고 아는 것을 말합니다. 이렇게 마음이 세상에 있는 모든 현상, 즉 대상을 경험하는 것이므로 마음이 작용할 때 세상이 있고, 마음이 없으면 세상도 나타나지 않습니다. 그런데 마음은 여섯 의식으로 나누어 말할 수 있으므로 여섯 의식이 작용할 때 세상이 있고, 여섯 의식이 작용하지 않을 때 세상도 없습니다. 다시 말해서 눈과 형상이 접촉할 때 눈의식이, 귀와 소리가 접촉할 때 귀 의식이, 코와 냄새가 접촉할 때 코 의식이, 혀와 맛이 접촉할 때 혀 의식이, 몸과 촉감이 접촉할 때 몸 의식이, 마음과 법이 접촉할 때 마음 의식이 일어남으로써 이것은 '산이다', '바다다', '사람이다', '집이다' 하며 외부 대상을 이해할 수 있고, 그로 인해 세상이 일어난다고 말할 수 있습니다.

눈과 형상이 만나서 형상이 눈에 비칩니다. 눈에 비치는 것만 가지고 사람들은 알 수 없습니다. 예를 들어 누군가 기절했을 때 전등으로 눈을 비추면 눈에 빛이 비치지만 그 사람은 그것을 인식하지 못합니다. 어떤 대상을 분별하고 알 때는 반드시 마음 또는 의식이 작용해야 합니다. 이처럼 형상이 눈에 비칠 때 마음 또는 눈 의식이 작용하는 것을 '접촉[觸]'이라 합니다. 다시 말해서 눈과 형상이 접촉할 때 눈 의식이 일어나고, 눈 의식이 일어날 때 형상을 알 수 있습니다. 소리, 냄새, 맛, 촉감도 마찬가지입니다. 귀와 소리가 접촉하여 귀 의식이 일어날 때 소리를 알 수 있고, 코와 냄새가 접촉하여 코 의식이 일어날 때 냄새를 알 수 있고, 혀와 맛이 접촉하여 혀 의식이 일어날 때 맛을 알 수 있고, 몸과 촉감이 접촉하여 몸 의식이 일어날 때 촉감을 알 수 있습니다. 이렇게 눈 의식, 귀 의식, 코 의식, 혀 의식, 몸 의식을 통해서 현재의 형상, 소리, 냄새, 맛, 감촉을 알 수 있습니다.

이때 생긴 앎 또는 정보, 그 정보에 대한 개념, 견해, 지식 등의 모든 현상을 '법'이라 합니다. 앞서 설명했듯이 법은 오감을 통하지 않고 마음에서 그것을 떠올려 생각함으로써 더 자세히 분별하고, 알고, 이해할 수 있습니다. 다시 말해서 마음과 법이 접촉하여 마음 의식이 일어날 때 법에 관하여 좀 더 자세히 알고 이해할 수 있습니다. 이처럼 여섯 감각 기능과 여섯 대상이 접촉할 때 여섯 의식이 일어나고, 여섯 의식을 통해서 여섯 대상을 알 수 있고, 그로 인해 세상을 경험할 수 있습니다.

물론 '의식이 작용하지 않으면 세상은 없다'라는 말이 객관적인 세상이 없다는 뜻은 아닙니다. 단지 의식이 작용하지 않아서 세상을 인지하고, 이해하고, 인식하지 못한다면 그 사람에게 세상은 나타나지 않는다는 의미입니다. 예를 들어서 누군가가 기절해 의식이 작용하지 못하여 대상을 알지 못하는 상태라면 그 사람에게 세상은 별 의미가 없습니다. 그렇지만 그 사람이 깨어나서 의식이 작용할 때는 세상의 다양한 일들이 일어납니다. 세상이 있다고 해도 그것을 아는 의식이 없다면 세상은 일어나지 않습니다. 이런 의미에서 감각 기능과 대상이 접촉함으로써 의식이 일어날 때는 세상이 일어나고, 그렇지 않을 때는 세상이 일어나지 않는다고 말하는 것입니다. 이 점을 이해하는 것이 아주 중요합니다. 세상에 있는 현상들, 즉 여섯 대상과 여섯 감각 기능이 접촉함으로써 여섯 의식이 일어날 때 비로소 세상이 펼쳐지고, 여섯 의식이 일어나지 않으면 그 사람에게는 세상이 나타나지 않습니다. 그런데 여섯 의식은 마음의 다른 표현일 뿐이므로 한마디로 마음이 있으면 세상이 있고, 마음이 없으면 세상도 없다고 말할 수 있습니다.

세상의 모든 현상은 조건을 의지해서 일어난다

불교에서는 세상의 모든 현상이 조건[paccaya, 緣]을 의지해 일어난다고 이해합니다. 조건은 빳짜야paccaya의 번역인데 paccaya는 문자적으로 '그것을 향해 가다'라는 의미이지만, 불교에서는 '조건' 또는 '원인'이라는 의미로 씁니다.

조건은 결과가 일어나도록 도와주는 역할을 합니다. 다시 말해서 '그것을 의지해 결과가 일어난다'라고 하여 '조건'

이라 합니다. 더구나 조건을 의지한다는 말은 '조건이 있을 때 결과가 일어나고, 조건이 없을 때 결과가 일어나지 않는다'는 의미도 내포하고 있습니다. 예를 들어 '접촉을 조건으로 의식이 일어난다'라고 할 때 이것은 '접촉이 있을 때 의식이 일어나고, 접촉이 없을 때 의식은 일어나지 않는다'라는 의미를 담고 있습니다.

또 조건이 있으면 그것을 의지해서 생겨난 법이 있기 마련입니다. 이것을 '조건 따라 생긴 법'이라 부릅니다. 예를 들어 '접촉을 조건으로 의식이 일어난다'라고 할 때 '접촉'이 조건이라면, '의식'은 조건 따라 생긴 법입니다. 이렇게 '조건'뿐 아니라 '조건 따라 생긴 법'을 함께 나타내면 조건이 어떤 결과를 일으키는지가 더 분명하게 드러납니다. 그래서 단지 조건만 말하지 않고 조건과 조건 따라 생긴 법의 인과관계를 함께 드러내는 방식이 일반적인데 이를 '연기[paṭicca-samuppāda, 緣起]'라고 합니다. 연기는 빠띳짜 사뭅빠다paṭicca-samuppāda의 번역인데 paṭicca는 '의지해서'라는 뜻이고, samuppāda는 '일어남', '발생'이라는 뜻입니다. 그래서 paṭicca-samuppāda는 '조건을 의지해서 일어남', '조건 발생'을 뜻합니다. 앞서 언급한 '접촉을 조건으로 의식이 일어난다'라는 구절을 생각해 봅시다. 이때 '접촉을 조건으로 의식이 일어난다'라고 표현할 때는 '연기'라고 부르고, 오직 접촉만 말할 때는 '조건'이라 부릅니다.

그런데 세상의 모든 현상이 조건을 의지해서 일어난다면 괴로움은 무엇을 조건으로 일어나는 것일까요? 돈, 명예, 권력, 건강, 친구, 애인 등을 얻지 못했기 때문일까요? 아니면 좋은 집, 좋은 차, 좋은 직장, 좋은 음식을 얻지 못했기 때문일까요? 그것도 아니라면 바깥 대상 때문이 아닌 사람들의 마음 때문일까요? 마음 때문이라면 어떤 마음이 행복을 주고, 어떤 마음이 괴로움을 주는 것일까요? 이 질문들에 대한 답을 얻는 일은 수행에서 매우 중요합니다. 괴로움이 왜 일어나는지를 모르고서는 괴로움을 소멸하는 일이 불가능하기 때문입니다. 그러면 괴로움이 왜 일어나는지, 괴로움을 소멸하고 완전한 행복을 실현하기 위해서 분명히 알아야 할 것은 무엇인지에 대하여 살펴보겠습니다.

괴로움과 행복은 마음이 만든다

신라시대에 원효 스님과 의상 스님에 관한 유명한 일화가 있습니다. 두 분은 불교를 배우기 위해 함께 당나라로 가던 중 산속에서 길을 잃었습니다. 깜깜한 숲을 헤매다가 움막처럼 보이는 곳을 발견한 두 스님은 그곳에서 하룻밤 쉬어가기로 하였습니다. 두 분은 너무 피곤하여 주변을 살필 겨를도 없이 눕자마자 깊은 잠에 빠져들었습니다. 그러다가 원효 스님은 목이 너무 마른 나머지 잠에서 깨어 물을 찾던 중 어둠 속에서 물이 담긴 바가지를 발견하였습니다. 그리하여 기쁜 마음으로 물을 마셨는데 그 물은 너무나 달콤하고 맛있었습니다. 스님은 이렇게 갈증을 해소한 후에 편히 잠을 잤습니다.

아침이 되어 잠에서 깨어났을 때 두 분은 깜짝 놀랐습니다. 두 분이 잠을 잔 곳은 움막이 아니라 누군가에 의해 파헤쳐져 있던 무덤 속이었고, 더구나 원효 스님이 어젯밤 마신 물은 해골에 고여 있던 썩은 물이었기 때문이었습니다. 원효 스님은 자신이 마신 물이 그 물이었음을 알고서는 구역질하고 토해내면서 힘들어했습니다.

그러던 중 스님은 분명 똑같은 물임에도 불구하고 어젯밤에 먹었을 때는 그 물이 너무도 달콤했는데, 썩은 물이라 안 뒤에는 더럽게 느껴지고 자신이 구역질하고 있다는 것을 알게 되었습니다. 이를 통해 원효 스님은 대상보다는 그것을 아는 마음이 중요하다는 것을 깨달았습니다. 그래서 스님은 굳이 당나라로 갈 필요가 없다고 판단하여 신라로 돌아오게 되었습니다.

이 일화에서 알 수 있듯이 똑같은 대상이라도 그것을 아는 마음에 따라 전혀 다른 결과가 나타날 수 있습니다. 똑같은 썩은 물을 마셨는데 그것을 달콤하고 시원한 것으로 알고 행복해질 수도 있고, 구역질 나고 더러운 것으로 알아 괴로워질 수도 있습니다. 이처럼 사람들이 대상을 알 때 경험하는 행복과 불행은 대상보다는 그것을 아는 마음이 훨씬 더 근원적이고 중요한 역할을 합니다. 이러한 의미에서 불교에서는 '마음이 모든 것을 만든다[一切唯心造]'라고 합니다. 이 말은 대상이 아무 의미가 없다는 뜻이거나, 마음이 실제로 세상의 모든 것을 창조하고 만든다는 의미는 아닙니다. 대상보다는 그것을 아는 마음이 사람들이 경험하는 행복과 불행에 훨씬 더 중요하다는 의미로 이해하는 것이 바람직합니다.

　물론 '대상보다 마음이 더 중요하다'는 말이 사람들의 행복과 불행에 대상이 아무런 영향을 주지 않는다는 말은 아닙니다. 앞서 설명했듯이 눈과 형상, 귀와 소리, 코와 냄새, 혀와 맛, 몸과 촉감, 마음과 법이 접촉할 때 각각 눈 의식, 귀 의식, 코 의식, 혀 의식, 몸 의식, 마음 의식의 여섯 의식, 즉 마음이 일어납니다. 그래서 대상은 마음이 일어나는 데 필수적인 조건일 뿐만 아니라 사람들이 경험하는 행복과 괴로움에도 큰 영향을 줍니다. 다시 말해서 몸의 통증, 가난, 타인의 괴롭힘, 비난, 더위와 추위 등과 같이 사람들이 원하지 않는 대상을 만날 때는 보통 괴로운 마음이 일어납니다. 반면에 몸의 편안함, 재물의 풍족함, 타인의 존중, 쾌적한 날씨 등과 같이 사람들이 원하는 대상과 접촉할 때는 보통 행복한 마음이 일어납니다.

　하지만 괴로움이나 행복이 전적으로 대상 때문에 일어난다고 말할 수는 없습니다. 만약 대상 그 자체에 괴로움이나 행복의 속성이 내재해 있다면 괴로움의 속성이 있는 대상과 접촉할 때는 오직 괴로운 마음만 일어나고, 행복의 속성이 있는 대상과 접촉할 때는 오직 행복한 마음만 일어날 것입니다. 하지만 실제 똑같은 대상을 만나더라도 괴로운 마음이 일어날 수도 있고, 행복한 마음이 일어날 수도 있습니다. 예를 들어 타인에게 괴롭힘을 당할 때 보통 사람은 화를 내겠지만, 수행이 깊은 사람은 그 사람을 원망하지도, 화를 내지도 않고 마음이 평온할 수 있습니다. 반면 타인에게 존중받을 때 어떤 사람은 그것에 만족하고 마음이 행복해지지만, 자만이 많은 사람은 만족하지 못하고 좀 더 존중해 주지 않는다며 화를 내면서 마음이 괴로워질 수 있습니다. 이처럼 대상 그 자체에 괴로움이나 행복의 속성이 내재해 있는 것이 아니라, 그 대상을 아는 마음에 따라 괴로움이 일어나기도 하고, 행복이 일어나기도 하는 것입니다. 그래서 대상보다는 마음이 더 중요하며, 괴로움과 행복은 마음이 만든다고 말하는 것입니다.

해로운 마음은 괴로움이 일어나게 한다

사람들은 누구나 행복을 원하고 괴로움을 싫어합니다. 그런데 사람들이 경험하는 괴로움과 행복은 마음이 만드므로 어떤 마음이 괴로움의 원인이 되는 해로운 마음이고, 어떤 마음이 행복의 원인이 되는 유익한 마음인지를 구분하여 통찰하는 것이 매우 중요합니다.

유익한 마음과 해로운 마음을 구분하지 못하는 어리석은 사람은 행복을 원하면서도 해로운 마음을 일으키고 유익한 마음을 버리는 방향으로 노력할 수 있습니다. 그러한 경우 애초에 잘못된 방향으로 노력하고 있으므로 아무리 노력하더라도 원하는 행복을 얻지 못할 것입니다. 마치 동쪽으로 가기를 원하는 사람이 서쪽으로 가는 것처럼. 그래서 진정한 행복을 원하는 사람은 먼저 어떤 마음이 유익한 마음이고, 어떤 마음이 해로운 마음인지를 구분하는 지혜를 갖추어야 합니다. 그런 다음 해로운 마음은 버리고, 유익한 마음을 계발하는 올바른 방향으로 노력해야 합니다. 마치 동쪽으로 가기를 원하는 사람이 동쪽으로 가는 것처럼.

그러면 먼저 해로운[akusala, 不善] 마음에 대해 살펴보겠습니다. '해로운'이란 말은 빨리어 아꾸살라akusala의 번역입니다. akusala는 부정 접두어인 'a'와 'kusala'의 결합입니다. 꾸살라kusala는 문자적으로 거칠고 날카로워 잘못 만지면 손을 다치게 하는 '꾸사kusa'라는 이름의 풀을 베어 버린다는 뜻입니다. 그래서 kusala는 괴로움을 소멸하는 데 방해가 되는 것을 없애 버린다는 의미에서 '유익한[善]'으로, akusala는 괴로움을 소멸하는 데 방해가 된다고 하는 의미에서 '해로운[不善]'으로 번역한 것입니다. 한마디로 해로운 마음이란 '괴로움을 소멸하는 데 방해가 되는, 괴로움이 일어나게 하는 마음'이라는 뜻입니다. 이런 해로운 마음의 뿌리가 되는 것은 탐욕, 성냄, 어리석음의 세 가지입니다.

해로운 마음의 뿌리, 탐욕

탐욕[lobha, 貪]은 빨리어 로바lobha의 번역으로 lobha는 '집착', '갈망'이라는 뜻이 내포되어 있습니다. 탐욕은 한마디로 대상에 '집착하는' 특성이 있는 정신 현상을 말합니다. 마치 뜨겁게 달아오른 냄비 위에 고깃덩어리 하나를 던져 넣으면 고깃덩어리가 순식간에 냄비에 달라붙는 것처럼. 그래서 탐욕은 원하는 대상에서 떨어지지 않고 포기하지 않으려는 형태로 나타납니다. 이러한 탐욕은 형상, 소리, 냄새, 맛, 감촉 등에 대한 욕망이나 재물, 명예, 수면, 이성, 음식, 권력 등에 대한 욕망, 자신을 내세우고 싶은 자만, 견해에 대한 집착, 존재에 대한 탐욕 등 다양한 형태로 나타납니다.

탐욕은 대상에 집착하는 마음이므로 자신이 원하는 대상을 얻은 사람은 성취감으로 인해 기쁨과 행복을 경험합니다. 예를 들어 맛있는 음식을 먹을 때, 좋은 음악을 들을 때, 원하는 직장을 구했을 때, 돈을 많이 벌었을 때, 다른 사람들의 환대를 받을 때, 유명한 사람이 되었을 때 등과 같이 자신이 원하는 것을 성취했을 때 사람들은 큰 기쁨과 행복을 경험합니다. 이러한 이유로 사람들은 탐욕을 성취하는 것을 행복이라 생각합니다.

하지만 세상의 모든 현상이 조건을 의지해서 생겨나므로 욕망으로 인해 생긴 행복도 역시 조건을 의지해서 생겨납니다. 이렇게 조건을 의지해서 생겨난 것은 조건이 다하면 사라지기 마련입니다. 건강한 사람이 병자가 되기도 하고, 부자가 가난해지기도 하며, 사람들의 환대가 비난으로 변하기도 하고, 다니던 직장에서 해고되기도 합니다. 이러함에도 불구하고 사람들은 자신이 성취한 것이 영원할 것처럼 집착합니다. 그로 인하여 자신이 얻은 것이 사라졌을 때 상실감으로 인한 큰 정신적 고통을 겪습니다. 설사 자신이 성취한 것이 당장은 없어지지 않더라도 그것이 사라질까 두려워하고, 초조해하고, 불안해하면서 정신적 고통을 겪게 됩니다. 이처럼 자신이 원하던 욕망을 성취하면 일시적으로는 행복할지 몰라도 시간이 지나면서 그것에 대한 집착으로 인해 생긴 불안, 초조, 두려움, 상실감 등의 정신적 괴로움을 더 많이 경험하게 됩니다.

반면에 자신이 원하는 것을 성취하지 못한 사람은 그 상황 자체를 싫어하여 슬픔, 비탄, 탄식, 실망, 좌절 등의 정신적 고통을 겪습니다. 더구나 이때 사람들이 겪는 괴로움은 탐욕의 정도에 비례하여 나타나게 됩니다. 다시 말해 집착이 강할수록 훨씬 더 큰 정신적 고통을 겪게 됩니다.

정리하면 욕망을 실현하지 못했을 때는 말할 것도 없이 정신적 고통이 생깁니다. 설사 자신이 원하는 것을 성취했더라도 그것은 일시적일 뿐 결국 사라질 수밖에 없습니다. 그러면 사람들은 낙담하고 실망하여 많은 정신적 고통을 겪게 됩니다. 이같이 탐욕은 행복이 생기게 하는 유익한 마음으로 착각하기 쉽지만, 실제로는 괴로움이 일어나게 하고 괴로움의 소멸에 방해가 되므로 해로운 마음이라 합니다.

해로운 마음의 뿌리, 성냄

성냄[dosa, 瞋]은 도사dosa의 번역인데 dosa는 문자적으로 현재 상태를 더 나빠지게 만든다는 의미가 내포되어 있습니다. 성냄은 대상을 '싫어하는' 특성이 있는 정신 현상으로 적의, 악의, 우울, 분노, 짜증, 절망, 허무, 공포, 슬픔, 스트레스, 질투, 인색, 후회 등의 다양한 형태로 나타납니다.

성냄은 대상을 싫어하는 마음이므로 성냄이 일어난 사람은 대상을 향해 거칠고, 잔인하고, 포악한 행위를 저지를 수 있습니다. 그래서 성냄은 사람들을 향상하게 하는 것이 아니라 현재보다 더 나쁜 상태로 타락하게 합니다. 더구나 성냄은 자신이 쌓아 온 공덕을 한순간에 사라지게 할 수도 있습니다. 예를 들어 화가 나서 친한 친구에게 거친 말을 내뱉을 수도 있고, 사람들에게 폭력을 행사하거나 심지어는 죽일 수도 있습니다. 이와 같은 행동은 자신이 쌓은 공덕을 한순간에 무너지게 합니다. 이처럼 성냄은 자신뿐 아니라 타인도 괴롭게 하여 괴로움이 일어나게 하므로 해로운 마음이라 합니다.

그런데 탐욕과 성냄은 서로 무관하고 독립적인 관계가 아니라 서로의 반작용으로 나타나는 정신 현상임에 주목해야 합니다. 앞서 설명했듯이 욕망을 성취하지 못했거나 이미 성취한 것의 조건이 다하여 사라질 때 그것을 싫어하는 마음이 일어나는데 이것이 성냄입니다. 다시 말해 탐욕을 조건으로 성냄이 일어납니다. 한편 사람들은 성냄이 일어날 때의 정신적 고통에서 벗어나기 위해 욕망을 충족함으로써 생기는 행복을 추구합니다. 예를 들면 스트레스로 화가 날 때 자극적인 음식을 먹거나 게임, 음악을 통해 스트레스를 풀고자 애를 씁니다. 다시 말해 성냄을 조건으로 탐욕이 일어납니다.

이처럼 탐욕과 성냄은 서로에게 원인이 되고, 서로를 의지합니다. 그래서 탐욕과 성냄은 형제지간에 비유할 수 있습니다.

해로운 마음의 뿌리, 어리석음

위에서 이야기하였듯이 성냄과 탐욕은 서로를 의지하며 나타납니다. 그런데 이와 같은 탐욕과 성냄이 일어나는 좀 더 근원적인 원인을 살펴보면 거기에 '어리석음'이 있습니다.

어리석음[moha, 痴]은 모하moha의 번역인데 moha는 문자적으로 '어리석음', '미혹함'이라는 의미를 담고 있습니다. 어리석음은 '진리를 모르는' 특성이 있는 정신 현상을 말합니다. 이러한 어리석음은 미혹함, 무지無知, 무명無明, 지혜 없음 등의 다양한 형태가 있습니다. 특히 사람들이 수행을 하는 목적은 괴로움을 소멸하기 위함이므로 불교에서 말하는 어리석음은 괴로움과 괴로움의 소멸에 대한 진리인 사성제四聖諦에 대한 무지를 말합니다. 다시 말해서 괴로움의 성스러운 진리인 고성제苦聖諦, 괴로움의 일어남의 성스러운 진리인 집성제集聖諦, 괴로움의 소멸의 성스러운 진리인 멸성제滅聖諦, 괴로움의 소멸로 인도하는 도 닦음의 성스러운 진리인 도성제道聖諦에 대한 무지를 말합니다. 그러므로 어리석음을 이해하려면 사성제에 대하여 분명히 알아야 합니다.

_ 괴로움과 괴로움의 소멸에 대한 진리

고성제는 세상에 있는 모든 현상의 실상에 대한 진리입니다. 세상에 있는 모든 현상은 물질이나 정신일 뿐이며, 그것들은 조건에 의해 생겨났으므로 소멸하기 마련입니다. 그러니 세상의 모든 현상은 무상無常합니다. 무상한 것은 불확실하고, 불완전하고, 불만족스러우므로 괴로움의 속성이 있습니다. 무상하고 괴로움인 것은 내 마음대로 제어하거나 통제할 수 없습니다. 왜냐하면 무상한 것을 '이것은 영원히 사라지지 말라.'라고 통제할 수 없고, 괴로움인 것을 '항상 행복만이 일어나라.'라고 통제할 수 없기 때문입니다. 그래서 무상하고 괴로움인 것은 그것들을 통제할 수 있는 주체 또는 자아가 없다는 의미에서 '무아無我'라고 합니다. 이처럼 고성제는 세상의 모든 현상, 특히 존재는 물질과 정신일 뿐이며, 무상하고 괴로움이며 무아임을 드러내는 진리입니다. 그래서 고성제는 철저히 알아야 할 진리라고 합니다.

집성제는 괴로움이 일어나는 원인에 대한 진리입니다. 사람들은 자신의 원하는 현상들이 영원하고, 행복이고, 내 것이기를 바라며 집착합니다. 하지만 세상의 모든 현상은 조건에 의해 발생하므로 조건이 사라지면 소멸하기 마련입니다. 그러면 사람들은 자신이 집착하던 현상들이 사라졌다고 싫어하면서 슬픔, 비탄, 탄식, 절망, 정신적 고통을 경험하게 됩니다. 이를 통해 알 수 있듯이 사라지기 마련인 현상에 대하여 영원하고, 행복이고, 내 것이라고 잘못 아는 어리석음을 조건으로 현상에 집착하는 탐욕이 일어나고, 이런 탐욕을 조건으로 성냄이 일어나서 수많은 괴로움을 경험하게 됩니다. 이처럼 집성제는 탐욕, 성냄, 어리석음을 조건으로 괴로움이 일어남을 드러내는 진리입니다. 그래서 집성제는 버려야 할 진리라고 합니다.

멸성제는 괴로움의 소멸, 즉 완전한 행복에 대한 진리입니다. 탐욕, 성냄, 어리석음을 조건으로 괴로움이 일어나므로 탐욕, 성냄, 어리석음을 제거하면 괴로움이 소멸하게 됩니다. 이처럼 멸성제는 탐욕, 성냄, 어리석음의 소멸이 괴로움의 소멸임을 드러내는 진리입니다. 그래서 멸성제는 실현해야 할 진리라고 합니다.

도성제는 괴로움의 소멸로 인도하는 수행 방법에 대한 진리입니다. 존재들이 괴로움을 소멸하기 위해서는 탐욕, 성냄, 어리석음을 완전히 제거해야 합니다. 이를 위해서는 탐욕 없음, 성냄 없음, 어리석음 없음을 계발해야 하는데 그렇게 하려면 구체적인 수행 방법이 필요합니다. 그것이 팔정도八正道, 즉 바른 견해[正見], 바른 사유[正思惟], 바른 말[正語], 바른 행위[正業], 바른 생계[正命], 바른 정진[正精進], 바른 기억[正念], 바른 삼매[正定]입니다. 다시 말해서 팔정도는 바른 견해, 즉 사성제에 대한 지혜를 갖춘 후에 그에 따라 현상을 이해하고, 사유하고, 말하고, 행동하고, 생계를 이어가고, 정진하고, 기억하고, 삼매三昧를 닦음으로써 바른 견해를 체득하는 수행입니다. 팔정도를 닦아서 바른 견해, 즉 사성제에 대한 지혜가 체득되면 사성제에 대한 무지인 어리석음이 버려지고, 어리석음이 버려지면 그것을 뿌리로 하는 탐욕과 성냄도 버려져서 괴로움을 소멸할 수 있습니다. 이처럼 도성제는 괴로움의 소멸로 인도하는 수행 방법이 팔정도임을 드러내는 진리입니다. 그래서 도성제는 닦아야 할 진리라고 합니다.

이와 같은 사성제를 분명히 이해하는 것은 다음 절에서 설명할 '명지明智' 또는 '지혜'라 하고, 사성제를 이해하지 못하는 무지는 '무명無明' 또는 '어리석음'이라고 합니다. 예를 들어 탐욕이나 성냄이 일어나도 탐욕이나 성냄이 일어난 것을 모르는 것은 고성제에 대한 무지입니다. 탐욕과 성냄은 해로우므로 버려야 할 마음임을 모르는 것은 집성제에 대한 무지입니다. 탐욕과 성냄의 소멸이 괴로움의 소멸임을 모르는 것은 멸성제에 대한 무지입니다. 탐욕과 성냄을 버리는 수행 방법에 대하여 모르는 것은 도성제에 대한 무지입니다. 따라서 탐욕이 일어나도 탐욕이 일어난 줄 모르는 무지, 성냄이 일어나도 성냄이 일어난 줄 모르는 무지, 탐욕과 성냄이 해롭고 버려야 할 마음임을 모르는 무지, 탐욕과 성냄의 소멸이 괴로움의 소멸임을 모르는 무지, 탐욕과 성냄을 버리는 방법을 모르는 무지 등이 어리석음입니다.

이러한 어리석음이 있으면 탐욕이 일어나고, 탐욕이 있으면 그것의 반작용으로 성냄이 일어나게 됩니다. 그래서 탐욕과 성냄을 형제에 비유한다면, 어리석음은 부모에 비유할 수 있습니다.

이처럼 어리석음을 조건으로 탐욕과 성냄이 일어나고, 탐욕과 성냄은 자신뿐 아니라 타인에게도 괴로움이 일어나게 합니다. 그래서 어리석음을 해로운 마음이라 합니다.

이상에서 살펴보았듯이 탐욕, 성냄, 어리석음은 괴로움이 일어나게 하는 해로운 마음입니다. 더구나 모든 해로운 법들은 탐욕, 성냄, 어리석음으로부터 파생되어 나오므로 이 세 가지를 해로운 마음의 뿌리라고 합니다. 예를 들어 자신이 우월하거나 열등하다고 집착하는 마음인 '자만', 자신의 견해에 집착하는 마음인 '사견邪見' 등은 탐욕에서 파생된 해로운 마음입니다. 또 남의 성공을 싫어하는 마음인 '질투', 자신의 성공을 나누기 싫어하는 마음인 '인색', 자신의 잘못을 싫어하는 마음인 '후회' 등은 성냄에서 파생된 해로운 마음입니다. 탐욕과 성냄은 어리석음을 조건으로 일어

나므로 이는 또한 어리석음에서 파생된 해로운 마음이라 할
수 있습니다. 결국 탐욕, 성냄, 어리석음은 해로운 마음의 뿌
리입니다.

유익한 마음은 괴로움이 소멸하게 한다

유익한[kusala, 善] 마음은 해로운 마음과는 정반대로 괴로움
의 소멸에 이익이 되고 도와주는 마음입니다. 앞서 설명했
듯이 해로운 마음의 뿌리가 탐욕, 성냄, 어리석음이라면 유
익한 마음의 뿌리는 반대로 탐욕 없음, 성냄 없음, 어리석음
없음입니다.

탐욕 없음[alobha, 不貪]은 대상에 집착하지 않는 특성이
있는 마음을 뜻합니다. 탐욕 없음은 대상에 집착하지 않는
마음이므로 대상을 거머쥐지 않고, 포기하고, 놓아 버립니
다. 마치 연잎 위에 물방울이 연잎에 달라붙지 않는 것처럼.
탐욕 없음은 출리出離, 놓아 버림, 내려놓음 등의 형태로 나
타납니다.

성냄 없음[adosa, 不瞋]은 대상을 싫어하지 않는 특성이

있는 마음을 뜻합니다. 성냄 없음은 대상을 싫어하지 않는 마음이므로 대상에 대하여 친절하고, 부드럽고, 자애롭게 대합니다. 마치 절친한 친구를 대하듯이. 성냄 없음이 생명이 있는 존재에게 작용할 때 특히 '자애[metta, 慈]'라고 부릅니다. 자애는 인간뿐 아니라 동물, 곤충 등 모든 생명이 있는 존재에 대하여 싫어하지 않고 그들이 행복하기를 원하는 마음입니다. 이러한 자애는 타인뿐 아니라 자신에게도 적용되는 마음이라는 점에 주의해야 합니다. 남은 행복하기를 바라면서 자신의 행복은 등한시한다면 진정한 자애라고 할 수 없습니다.

이같이 탐욕이 없고, 성냄이 없는 마음은 대상을 집착하거나 싫어하지 않으므로 정신적 괴로움이 일어나지 않습니다. 더 나아가 탐욕이 없고, 성냄이 없는 마음은 청정하고 고요하므로 이를 기반으로 대상을 있는 그대로 통찰하는 지혜를 계발하여 어리석음을 버림으로써 해로운 마음을 제거하고 괴로움을 소멸할 수 있습니다. 그래서 탐욕 없음과 성냄 없음을 유익한 마음이라 합니다. 더구나 탐욕이나 성냄이 있으면 유익한 마음이 아니므로 유익한 마음에는 탐욕이 없고 성냄이 없습니다. 그래서 모든 유익한 마음은 탐욕 없음과 성냄 없음을 뿌리로 하는데 그것에는 신심, 평온, 연민, 함께 기뻐함 등이 있습니다.

신심[saddhā, 信心]은 괴로움과 괴로움의 소멸에 대한 진리인 사성제에 대하여 의심하지 않고 확신하는 특성이 있는 마음을 말합니다. 예를 들어 유익한 마음은 괴로움의 소멸에 도움이 되고, 해로운 마음은 괴로움이 일어나게 한다는 사실에 대하여 확신하는 것이 신심입니다.

평온[upekkhā, 捨]은 대상에 대하여 좋아하지도 싫어하지도 않으면서 치우침이 없는 중립적인 특성이 있는 마음입니다. 예를 들어 좋아하는 사람에 대해서나 싫어하는 사람에 대해서나 아무런 차별 없이 공평하게 대하는 마음이 평온입니다.

연민[karunā, 悲]은 다른 존재의 고통을 덜어 주고자 하는 특성이 있는 마음입니다. 예를 들어 물에 빠진 사람을 아무런 대가 없이 구해 주고자 하는 마음이 연민입니다. 연민은 다른 존재의 고통을 즐기지 않고 그 고통을 덜어 주고자 하는 마음이므로 잔인함과 남을 해치고자 하는 마음이 사라지게 합니다.

함께 기뻐함[muditā, 喜]은 다른 존재의 성공을 함께 기뻐하는 특성이 있는 마음입니다. 예를 들어 타인이 큰 기부를 했을 때 질투하지 않고 같이 기뻐하는 마음이 함께 기뻐함입니다. 함께 기뻐함은 남의 성공을 싫어하지 않고 기뻐하므로 질투가 사라지게 합니다.

이처럼 유익한 마음은 탐욕이 없고, 성냄이 없는 마음에서 파생됩니다. 이 중에서 자애, 연민, 함께 기뻐함, 평온은 나중에 더 자세히 설명할 것입니다.

어리석음 없음[amoha, 不痴]은 어리석지 않고 진리를 꿰뚫어 아는 특성이 있는 정신 현상입니다. 그래서 어리석음 없음은 '통찰지洞察智', '명지', '지혜' 등과 동의어입니다. 어리석음 없음 또는 지혜는 대상에 대한 피상적인 이해에 머물지 않고 한 걸음 더 나아가 대상의 실상을 꿰뚫어 보는 마음입니다. 앞서 설명한 탐욕 없음과 성냄 없음의 마음이 기반이 되면 대상에 대하여 집착하지도, 싫어하지도 않으면서 대상의 실상을 있는 그대로 꿰뚫어 보는 지혜를 계발할 수 있습니다. 이를 통해 세상의 모든 현상은 조건을 의지하여 생긴 형성된 법이어서 소멸하기 마련이므로 무상하고, 무상한 것은 집착할 만한 가치가 없음을 통찰함으로써 세상에 대한 집착을 버리고 괴로움을 소멸할 수 있는 것입니다. 그래서 어리석음 없음 또는 지혜는 유익한 마음일 뿐만 아니라 유익한 마음 중에서 가장 으뜸이라 할 수 있습니다.

이상에서 살펴본 것처럼 탐욕 없음, 성냄 없음, 어리석음 없음은 괴로움의 소멸로 인도하므로 유익한 마음입니다. 더구나 모든 유익한 마음은 탐욕 없음, 성냄 없음, 어리석음 없음에서 파생되므로 이 세 가지는 유익한 마음의 뿌리라고 할 수 있습니다.

대상을 바꾸는 일은 불가능하지만
마음을 바꾸는 일은 가능하다

마음이 세상에 있는 모든 현상, 즉 대상을 압니다. 이때 대상은 마음이 일어나는 중요한 조건이므로 대상에 따라서 괴로움이나 행복을 경험하기도 합니다. 예를 들면 사람들은 보통 아름다운 경치를 볼 때 행복하다고 느끼지만, 혐오스러운 모습을 볼 때 괴롭다고 느낍니다. 그래서 일반적으로 자신이 원하는 대상을 얻거나 자신이 원하는 대로 대상을 바꿈으로써 행복을 얻으려고 노력합니다. 하지만 이렇게 대상을 통해서 완전한 행복을 실현할 수 있을까요? 그것은 불가능합니다. 왜냐하면 세상은 수많은 존재가 가진 욕망과 수많은 외부 조건들이 복잡하게 얽혀 있으므로 항상 내가 원하는 대상을 얻거나 내가 원하는 대로 대상을 변화시키는 것은 불가능하기 때문입니다. 설사 조건이 갖추어져서 자신이 원하는 대로 일부 이루었다고 하더라도 그것은 일시적일 뿐 조건이 다하면 사라질 수밖에 없습니다.

예를 들어 사람들은 대개 많은 재산과 명성을 얻고 싶어 하지만, 원하는 사람은 많고 얻을 수 있는 것은 제한되어 있으므로 모든 사람이 원하는 것을 얻을 수는 없습니다. 많은 사람이 서로 경쟁하고, 다투고 싸우면서 그들 중 조건이 되는 사람만이 원하는 것을 얻을 수 있을 뿐입니다. 설사 원하는 것을 얻은 사람이라도 그것의 조건이 다하면 사라질 수밖에 없으므로 영원히 누릴 수는 없습니다.

많은 권력자들이 세상을 자신이 원하는 대로 바꾸고 지배하려고 노력했습니다. 그들 중 일부는 실제로 일정한 시간 동안 일정한 지역을 자신이 원하는 대로 지배하는 것처럼 보이기도 했습니다. 더구나 어떤 권력자는 운이 매우 좋아서 살아 있는 동안 자신이 원하는 대로 세상을 지배하기도 했습니다. 하지만 이것은 일시적일 뿐입니다. 아무리 오래 권력을 누리더라도 조건이 다하면 다른 사람에게 권력을 빼앗길 수밖에 없습니다. 설사 그렇지 않더라도 권력자 역시 언젠가 수명이 다해 죽음을 맞이할 수밖에 없습니다. 이렇게 조건이 다하면 권력은 무너질 수밖에 없고, 그러면 새로운 권력자가 나타나서 세상을 자신이 원하는 대로 바꾸려고 할 것입니다.

이처럼 세상은 수많은 존재의 욕망과 복잡한 외부 조건들이 서로 부딪히는 곳이므로 세상을 자기 마음대로 구성하고 바꾸려는 시도는 일부 성공할 수 있을지 몰라도 전적으로 성공할 수는 없습니다.

좀 더 근원적으로 설명하자면, 세상에 있는 모든 현상, 즉 대상은 조건을 의지해서 생겨난 것들이므로 조건이 다하면 소멸하기 마련인 무상한 것입니다. 또 무상한 것들은 비록 현재가 행복하고 만족스러울지라도 그것이 언젠가는 괴롭고 불만족스러운 상태로 변할 수밖에 없다는 것을 의미합니다. 이렇게 무상한 것은 불완전하고 불만족스러우므로 괴로움의 속성이 있습니다. 그래서 무상한 것은 괴로움이라 합니다. 또 무상하고 괴로움인 것은 전적으로 내 마음대로 제어하거나 통제할 수 없습니다. 왜냐하면 무상한 것을 '이 것은 영원히 사라지지 말라.'라고 통제하거나 괴로움인 것을 '항상 행복만이 일어나라.'라고 통제하는 것은 불가능하기 때문입니다. 그래서 무상하고 괴로움인 것은 그것들을 통제할 수 있는 주체 또는 자아가 없으므로 무아입니다. 이 렇게 세상의 모든 현상, 즉 대상은 전적으로 통제할 수 없으므로 대상을 자신의 마음대로 바꾸어 완전한 행복을 실현하려고 노력하는 것은 애초에 불가능한 일입니다. 따라서 대상을 바꿈으로써 완전한 행복을 실현하고, 괴로움을 소멸하고자 하는 것은 불가능함을 분명히 이해해야 합니다.

그렇다면 대상이 아닌 마음을 바꿈으로써 완전한 행복을 실현하는 것은 가능한 일일까요? 그것은 가능합니다. 왜 냐하면 사람들의 행복과 불행의 근본적인 원인은 마음에 있기 때문입니다. 앞서 대상을 아는 마음이 괴로움과 행복을 만든다고 설명했습니다. 다시 말해서 해로운 마음은 괴로움이 일어나게 하고, 유익한 마음은 괴로움을 소멸하게 합니다. 그러면 유익한 마음을 계발하고 해로운 마음을 버리는 것이 가능할까요? 가능합니다. 정말 다행히도 불교에는 유익한 마음을 계발하고 해로운 마음을 제거하는 구체적인 수행 방법이 명확하게 제시되어 있습니다. 다시 말해서 도덕적 규범에 해당하는 계戒를 바탕으로 탐욕과 성냄이 없어서 청정하고 고요하고 집중된 마음 상태인 삼매와 진리를 꿰뚫어 보는 지혜를 열심히 닦음으로써 유익한 마음을 계발할 수 있습니다. 이렇게 탐욕이 없고, 성냄이 없고, 어리석음이 없는 유익한 마음을 계발하면 괴로움의 원인이 되는 해로운 마음, 즉 탐욕, 성냄, 어리석음을 완전히 소멸하고, 완전한 행복을 실현할 수 있습니다.

이처럼 대상이 아니라 마음을 바꾸는 수행을 실천한다면 존재들은 완전한 행복을 실현할 수 있습니다. 물론 수행을 통해 마음을 바꾸는 일이 결코 쉬운 일은 아닙니다. 그렇지만 대상을 바꿈으로써 완전한 행복을 실현하는 것은 아예 불가능한 일이더라도, 마음을 바꿈으로써 완전한 행복을 실현하는 것은 어렵지만 분명 가능한 일입니다. 이 점을 이해하는 것이 바른 견해를 갖추는 일이고, 이것은 매우 중요합니다. 바른 견해를 갖추어야 대상이 아닌 마음을 바꾸는 바른 방향으로, 유익한 마음은 계발하고 해로운 마음은 버리는 방향으로 바르게 수행할 수 있기 때문입니다.

이와 같은 바른 이해를 바탕으로 이 책에서는 성냄 또

는 화를 버리는 방법을 중점적으로 살펴보겠습니다. 더불어 탐욕이나 어리석음 등의 해로운 마음을 버리는 방법에 대해서도 간단히 알아보겠습니다.

02

화는
대상을 싫어하는
마음이다

화는 철저히 통찰해야 극복할 수 있다

사람들은 누구나 행복하기를 원하지만, 바람대로 되지는 않고 많은 괴로움을 경험하며 살아갑니다. 현대문명과 의학의 발달로 육체적인 고통은 과거보다 많이 줄었지만, 복잡한 현대 사회에서 과도한 생존 경쟁을 치르며 겪는 정신적 고통은 과거보다 더욱더 늘어났고 다양해졌습니다.

우리가 살면서 겪는 수많은 정신적 고통은 모두 화로 인해서 일어납니다. 그래서 화를 있는 그대로 꿰뚫어 보고 통찰함으로써 화를 극복하는 것은 행복한 삶을 실현하기 위해 아주 중요한 토대가 됩니다.

화를 통찰한다는 것은 두 가지 측면에서 말할 수 있습

니다.

첫째, 자신의 마음을 관찰하여 실제 마음에서 일어나는 화를 있는 그대로 알아차리는 것입니다. 둘째, 알아차린 화를 '세상의 모든 것은 조건을 의지해서 일어난다'라는 연기의 관점으로 조사하여 화를 분명히 꿰뚫어 아는 것을 의미합니다. 다시 말해서 '화가 무엇인지', '화는 왜 일어나는지', '일어난 화를 어떻게 버리는지', '어떻게 하면 화가 다시 일어나지 않게 하는지' 등을 꿰뚫어 아는 지혜를 체득해야 한다는 것입니다. 이같이 화를 알아차리고, 화를 연기의 관점으로 꿰뚫어 아는 지혜를 계발하면 화를 버리고 정신적 고통에서 벗어날 수 있습니다.

세상에는 화를 다스리고 버리기 위한 다양한 방법들이 시도되고 있지만 가장 중요한 것은 화에 대한 철저한 통찰이며, 그러한 통찰을 통해서만 화가 실제로 버려질 수 있습니다. 화를 버리기 위해 화를 억누르거나 화와 다투는 것은 또 다른 화를 불러올 뿐입니다. 이 점에 대하여는 앞으로 자세히 설명할 것입니다. 이렇게 중요한 화에 대한 바른 통찰을 위해서는 화를 있는 그대로 알아차리는 수행과 더불어 알아차린 화를 연기의 관점으로 조사하는 꾸준한 노력이 필요합니다. 그러면 먼저 화가 무엇인지에 대하여 살펴보겠습니다.

화는 대상을 싫어하는 마음이다

화 또는 성냄[嗔]은 빨리어 도사dosa의 번역입니다. dosa는 문자적으로 '악의', '타락', '미움', '싫어함', '성냄' 등의 의미가 있습니다. 이것을 한자로는 '嗔', '火'로, 영어로는 'hatred', 'anger' 등으로 번역합니다. 이처럼 화는 대상을 '싫어하는' 특성이 있는 마음을 말합니다. 화는 대상에 만족하지 못하고 싫어하는 마음이므로 항상 정신적 불만족, 정신적 괴로움, 정신적 고통이 동반됩니다. 역으로 정신적 고통이 일어났다는 것은 대상에 대하여 만족하지 못하고 싫어함을 의미하므로 화가 일어난 것입니다. 다시 말해서 화가 일어나면 정신적 괴로움이 따르고, 정신적 괴로움이 있다는 것은 화가 일어났음을 의미하므로 화와 정신적 괴로움은 불가분의 동반자라고 할 수 있습니다.

그래서 자신에게 일어난 마음이 화인지 아닌지 구분

하기 힘들 때는 그 마음에 정신적 괴로움이 있는지 없는지를 조사하면 됩니다. 예를 들어 친구가 죽었다는 소식을 듣고 큰 슬픔이 일어났다면 그 슬픔도 화에 해당합니다. 왜냐하면 슬픔은 정신적 괴로움이 동반되기 때문입니다. 또 우울함도 현재 상태에 대하여 만족하지 못하고 싫어하는 마음이므로 화의 한 형태입니다. 이와 마찬가지로 분노, 공포, 두려움, 비탄, 탄식, 절망, 허무 등은 다소 강한 정신적 괴로움이 함께하므로 당연히 화입니다. 또 몸이 아픈 것에 대한 불만, 가벼운 짜증, 따분함이나 지루함 등도 비록 미세할지라도 정신적 불만족이 함께하므로 역시 화라고 할 수 있습니다. 이와 같은 화의 다양한 형태에 대하여는 앞으로 자세히 살펴볼 것입니다.

화는 크게 두 가지, 즉 자신에 대한 화와 타인 또는 사물에 대한 화로 나눌 수 있습니다.

첫째, 타인이나 사물에 대한 화입니다. 이것은 '저 사람은 도둑놈이야!', '저 사람은 성격이 좋지 않아!', '저 사람은 무례해!', '저 사람은 나쁜 사람이야!', '이 수행법은 잘못된 것이야!', '이곳은 너무 시끄럽고 번잡해!', '이 음식은 너무 맛이 없어!' 등의 형태로 나타납니다.

둘째, 자신에 대한 화입니다. 이것은 원하는 시험에 합격하지 못했을 때 자신이 무능력하다고 자신을 미워하는 마음, 열등감으로 인해 자신을 못마땅하게 여기는 마음, 과거에 저지른 자신의 잘못에 대하여 용서하지 못하고 후회하면서 안달복달하는 마음, 부모에게 지속적인 학대를 당함으로써 자신을 비하하고 자신을 싫어하는 마음, 학교에서 따돌림을 당해 자존감이 떨어져 자신을 비하하는 마음, 우울함이 심해져서 스스로 목숨을 끊으려 하는 마음 등 다양한 형태로 나타납니다. 한마디로 자신에 대한 화는 자신의 무능력, 못난 외모, 가난, 사회적으로 좋지 않은 학벌, 부족한 사회적인 조건 등에 관하여 만족하지 못하고 미워하고 싫어하는 마음을 말합니다.

현대 사회는 사람들 사이의 생존 경쟁이 아주 심하므로 타인과 비교하면서 자신의 부족함에 대해 화를 내는 일이 늘어났습니다. 또 다양한 대중매체로 인해 다른 사람들의 삶을 간접적으로 경험할 수 있다 보니 세상에서 성공하여 화려하고 풍족한 삶을 누리고 있는 사람들의 삶을 많이 접하게 됩니다. 이를 통해 생긴 상대적인 박탈감으로 인해 자신에 대하여 불만족스럽게 생각하고 화를 내는 경우도 많습니다. 이와 같은 여러 가지 이유로 인해 현대인들에게는 다른 사람에 대한 화뿐만 아니라 자신에 대한 화도 굉장히 많이 나타납니다.

자신에 대한 화가 많은 사람은 자신을 학대하고 싫어하기 때문에 자신감도 없고 자존감도 상당히 약합니다. 더구나 자기 스스로 자신을 비하하므로 다른 사람에게도 존중받지 못하는 경우가 많습니다. 그러다 보면 자신에 대한 화가 자기 혐오, 사회 혐오, 우울증, 자살 등의 매우 위험한 상황으로 발전할 수 있습니다. 따라서 자신에 대한 화는 자신의 삶에 매우 부정적인 영향을 미칠 수 있는 해로운 마음임을 분명히 통찰하고 자신에 대한 존중과 자애 등의 마음을 계발함으로써 자신에 대해 화를 내지 않도록 노력해야 합니다.

이상에서 간단히 살펴본 것처럼 화는 가벼운 짜증과 같이 미세한 것이든, 분노와 같이 거친 것이든, 자기 학대와 같이 자신에 대한 것이든, 원수에 대한 분노와 같이 타인에 대한 것이든, 질투와 같이 저열한 것이든, 사회적 부조리에 대한 분노와 같이 수준 높은 것이든, 과거에 대한 후회와 같이 과거의 것이든, 자신의 무능력에 대한 화와 같이 현재의 것이든, 미래의 불확실성에 대한 두려움과 같이 미래의 것이든 대상을 싫어하는 특성이 있는 마음을 모두 포함하는 개념입니다. 이처럼 수행의 관점에서 말하는 화 또는 성냄은 대상을 싫어하는 특성이 있는 모든 마음을 포함하는 개념이므로 세속에서 사람들이 생각하는 화, 분노, 격노, 미움, 악의 등에 국한된 개념이 아니라 그것의 스펙트럼이 상당히 넓다는 점에 주의해야 합니다. 이러한 화는 보통 사람들의 마음에서 탐욕과 함께 교대로 반복되고 있다고 해도 과언이 아닙니다.

육체적 고통은 화가 아니다

화를 명확히 이해하기 위해서는 육체적 고통과 정신적 고통의 차이를 알아야 합니다. 육체적 고통은 몸 의식을 통해서 경험하는 괴로운 느낌을 말합니다. 다시 말해서 몸에 불편한 감촉이 감지되면 몸 의식을 통해서 그것을 통증 또는 고통으로 느끼게 되는데 이것이 육체적 고통입니다. 이때 몸 의식 자체는 단지 통증을 감지할 뿐 그것을 싫어하는 정신 현상으로 이어지지는 않으므로 육체적인 고통은 화라고 보지 않습니다. 이에 반해 정신적 고통은 마음 의식을 통해서 일어나는 괴로운 느낌을 말합니다. 다시 말해서 몸 의식을 통해 통증을 감지하고 난 후에 그것을 분별하는 마음 의식이 이어집니다. 마음 의식을 통해 통증을 분별하면서 통증을 싫어하는 화가 일어나게 되고, 이때 경험하는 괴로운 느낌이 정신적 고통입니다. 이처럼 정신적 고통은 항상 화와 함께 일어나지만, 육체적 고통은 화와 무관하게 일어날 수 있습니다.

예를 들어 위장병에 걸렸을 때를 생각해 봅시다. 배에서 느껴지는 찌르는 듯한 통증은 육체적 고통입니다. 그런데 그 찌르는 듯한 통증을 싫어하여 불만을 가지는 것은 정신적 고통입니다. 육체적인 고통은 몸에서 일어나는 자연스러운 반응이므로 수행을 통해 소멸할 수는 없습니다. 실제 깨달음을 얻은 붓다께서도 등에 등창이 생겨 큰 고통을 겪으셨고, 재가자가 공양 올린 음식을 드시고 극심한 설사로 인해 고통을 겪으신 일이 있었습니다. 또 모든 번뇌를 완전히 소멸한 성자인 아라한 중에서 아주 심한 육체적인 병으로 인해 돌아가신 분들의 이야기가 있습니다. 이처럼 아무리 아라한이라 하더라도 육체적 고통까지 완전히 소멸할 수 있는 것은 아닙니다. 사실 육체적인 고통은 우리 삶에 필요한 것이기도 합니다. 몸의 어느 부위에 문제가 생겼을 때 통증이 드러나야 문제를 인지하고 치료할 수 있기 때문입니다. 만일 몸의 고통을 느끼지 못한다면 몸을 건강하게 유지할 수 없을 것입니다.

이렇게 몸을 통해 일어나는 통증은 누구에게나 일어날 수 있고, 어떤 면에서는 필요한 것이므로 통증을 화라고 할 수 없습니다. 하지만 그 통증에 대해 싫어하는 마음이 일어난다면 그것은 화에 해당합니다. 『화살 경』이라는 불교 경전에 보면 처음 육체적 고통이 일어나는 것을 첫 번째 화살로 비유하고, 육체적 고통으로 인한 정신적 고통과 함께 화가 계속 일어나는 것을 두 번째, 세 번째 등의 화살에 비유합니다. 육체적 고통을 육체적 고통만으로 받아들이면 크게 문제 되지 않지만 보통 그것에 대해 화로써 반응합니다. 통증이 일어나는 것 자체는 몸이 있는 존재로서 자연스러운 것인데 그것에 대해 싫어하는 마음으로 반응하는 것입니다.

여러분도 경험해 보았을 것입니다. 치과에서 실제로 치료받을 때보다 치료받기 전 미리 고통을 생각하면서 더 괴로워하지 않습니까? 몸을 통해 일어나는 고통은 피할 수 없지만, 고통에 직면하여 그것을 있는 그대로 알아차리고 받아들이는 연습을 하면 고통을 최소화할 수 있습니다. 사람들은 고통 그 자체보다 고통을 싫어하는 화 때문에 오히려 더 큰 고통을 겪는다는 것을 잘 알아야 합니다. 사실 우리 삶에 이런 일들이 많습니다. 아침에 일어나서 '몸이 무겁다', '피곤하다', '힘들다' 하는 식으로 미세한 짜증을 일으키는 경우가 많은데, 이런 것들은 모두 몸의 불편한 상태에 대하여 화를 내는 것입니다. 몸의 불편한 상태에 반응해서 화를 일으키지 말고 그 상태를 있는 그대로 알아차리면 몸의 불편함이 있을지라도 화는 일어나지 않게 됩니다.

이처럼 육체적 고통은 육체적 고통만으로 끝내고, 그것에 대해 화로써 반응하여 정신적 고통으로 이어지지 않도록 하는 것이 중요합니다. 다시 말해 첫 번째 화살에 맞는 것은 어쩔 수 없다 하더라도 연이어 두 번째, 세 번째 등의 화살에 맞지는 말아야 합니다.

정신적 고통이 동반된 마음은 모두 화다

화를 극복하기 위해서는 우리의 삶에서 화가 어떤 형태로 나타나고 있는지 잘 이해해야 합니다. 그래야 그와 같은 이해를 바탕으로 마음을 관찰하는 수행을 해서 화를 극복할 수 있습니다. 실제 마음을 관찰하는 수행을 하다 보면 우리 마음에서 얼마나 많은 화가 일어나는지 알 수 있습니다. 더 나아가 그것들이 화인지도 모른 채 습관적으로 화를 내며 살아왔다는 것도 알게 됩니다. 이렇게 화를 내면서도 화를 내는지 알아차리지 못하는 것은 화에 대한 바른 이해를 바탕으로 화를 관찰하는 수행을 하지 않았기 때문입니다. 더구나 화를 내는 것이 오랜 시간 습관화되어서 화를 내는 자기 자신을 자각하지 못하기 때문이기도 합니다.

화는 그것이 일어날 때 빨리 알아차릴수록 적은 노력으로 버릴 수 있습니다. 마치 처음 생긴 불씨는 쉽게 끌 수 있듯이. 만약 화가 일어나도 화가 일어나는 줄 모르고 내버려 두면 화가 계속 커져서 나중에는 걷잡을 수 없는 심각한 문제와 괴로움을 일으키게 됩니다. 마치 활활 타오르는 불은 끄기가 어렵듯이. 그래서 우리는 화를 알아차리고 화를 버리는 수행을 실천해야 하는데 이를 위해서는 화가 우리 삶에서 어떻게 나타나는지 아는 것이 선행되어야 합니다.

화는 우리 삶에서 매우 다양한 방식으로 일어납니다. 화는 어떤 사람에 대한 적대감으로 나타나기도 하고, 악한 감정이나 악의, 분노로 나타날 수도 있습니다. 또 슬픔, 비탄, 탄식, 절망, 허무, 짜증, 지루함도 모두 어떤 상황을 슬퍼하고 싫어하는 마음이므로 화의 일종입니다. 또 다른 사람 잘되는 걸 보기 싫어하는 질투로 나타나기도 하고, 내가 가진 것을 남과 나누기 싫어하는 인색함으로 나타나기도 하며, 과거의 잘못에 대해 싫어하는 후회로 나타나기도 합니다. 또 워낙 경쟁이 심한 시대이다 보니 스트레스나 우울함을 경험하는 경우가 많은데 이들도 화의 한 형태입니다.

더 나아가 요즘 사람들이 많이 겪고 있는 대인공포증, 폐소공포증, 고소공포증 등과 같은 공포도 어떤 상황이나 조건을 싫어하고 두려워하는 마음이므로 화의 한 형태입니다. 또 요즘 사람들에게 많은 것 중 하나가 불안증입니다. '내가 혹시 잘못되지 않을까?', '내가 가진 재산이 없어지지 않을까?', '내가 병이 나지는 않을까?' 하는 막연한 불안감이 일상 속에 항상 자리해 있습니다. 이것도 미래의 불확실성에 대하여 두려워하고 싫어하는 화에 해당합니다. 한마디로 정신적인 고통이나 정신적 불만족이 동반되는 마음은 모두 화의 한 형태라고 이해하면 됩니다.

짜증, 지루함, 스트레스, 악의, 분노도 화다

화는 미세한 것에서부터 아주 강한 것까지 다양한 형태가 있습니다. 사람들이 일상 속에서 일이 원하는 대로 되지 않거나 누군가가 마음에 거슬릴 때 일어나는 가벼운 짜증도 화의 일종입니다. 이와 같은 가벼운 화는 사람들이 화라고 알아차리기가 쉽지 않지만, 분명히 화입니다.

자신을 즐겁게 해 줄 재미있는 일들이 없어서 따분하고 재미없다거나 심심하고 지루한 마음도 화에 포함됩니다. 왜냐하면 지루함은 현재 즐거움이 없는 것에 대해 불만족을 느끼고 싫어하는 마음이기 때문입니다. 그래서 지루함도 미세한 형태이지만 화의 일종이라고 볼 수 있습니다. 보통 사람들은 지루함을 느낄 때 감각적 욕망을 즐김으로써 그것에서 벗어나려고 합니다. 예를 들어 영화를 보거나, 맛있는 음식을 먹거나, 친구를 만나는 등의 감각적 즐거움을 추구하게 됩니다. 그러므로 지루함은 자신이 원하는 욕망을 충족하지 못하는 것에 대한 반작용으로 일어난 화라고 할 수 있습니다.

또 일상의 삶 속에서 차곡차곡 쌓이는 스트레스도 화의 일종입니다. 우리나라 사람들이 가장 많이 쓰는 외래어가 스트레스라고 할 정도로 사람들은 스트레스에 많이 노출된 채 살아갑니다. 스트레스가 자꾸 쌓이면 몸에도 나쁜 영향을 미치므로 요즘에는 스트레스가 만병의 근원이라는 이야기도 많이 합니다. 스트레스도 현재의 조건이나 상황에 대하여 불만족스러워하고 싫어하는 마음이므로 화의 일종이라 할 수 있습니다.

'저 사람이 고통받기를!', '저 사람이 하는 일이 실패하기를!', '저 사람의 성공이 사라지기를!', '내가 고통받기를!', '나 같은 사람은 죽어야 해!' 등과 같이 자신이나 타인에게 악의 또는 적의를 가지는 것도 전형적인 화입니다. 왜냐하면 악의나 적의는 자신이나 타인에 대하여 싫어하는 마음이기 때문입니다. 이런 악의를 가진 사람은 자기에게 고통을 줄 뿐 아니라 타인에게도 많은 고통을 줍니다.

예를 들어 인터넷이라는 가상 공간에서 우리는 댓글을 통해 자신의 의견을 표현하거나 타인과 소통하곤 합니다. 이와 같은 방식은 서로 얼굴도, 이름도 모르는 상태에서 비대면으로 이루어지다 보니 자유롭게 자신의 의견을 개진하는 장이 되기도 하지만, 그러한 점을 악용하여 악의적이고 적대적인 댓글로 타인에게 고통을 주고, 타인을 괴롭히고, 잔인하게 공격하는 수단이 되기도 합니다. 심지어 자신의 질투심이나 스트레스를 해소하기 위해 남을 괴롭히고, 남에게 고통을 주는 악의적인 댓글을 다는 어리석은 사람도 있습니다.

이 같은 일은 자신뿐 아니라 타인에게도 큰 고통을 주는 일이므로 악행이고, 이런 악행으로 인한 나쁜 결과는 반드시 나타납니다. 하지만 어리석은 사람들은 이런 악행에 대한 나쁜 결과가 당장 나타나지 않으면 악행으로 인한 나쁜 결과는 일어나지 않는다고 생각하고 멈추지 않습니다.

앞에서도 이야기하였지만 붓다의 가르침에 따르면, 원인이 있으면 반드시 결과가 있습니다. 그러므로 악행의 결과가 나타나는 것은 시간문제일 뿐 반드시 드러나게 되어 있습니다. 다시 말해서 언젠가는 자신이 쓴 댓글로 인해 사회적으로 큰 비난을 받거나 재산을 잃거나 감옥에 가는 등의 나쁜 결과가 나타나서 큰 고통을 겪게 됩니다. 더 나아가 불교에서 말하는 윤회의 관점에서 보면 자신이 쌓은 악행으로 인해 이생뿐 아니라 다음 생에도 지옥이나 축생 등의 괴로움이 많은 곳에 태어나서 훨씬 더 큰 고통을 겪을 수 있습니다. 이와 같은 사실을 이해하는 지혜로운 사람은 악의나 적의로 인해 자신과 남을 괴롭히는 행위를 멈추게 됩니다.

또 악의가 강해지면 분노, 격노 등 매우 거친 형태의 화로 나타나게 됩니다. 이와 같은 분노, 격노 등의 거친 화가 일어나면 제일 먼저 자신이 큰 고통을 경험합니다. 실제로 얼굴이 벌겋게 달아오르고, 호흡은 거칠어지며, 가슴은 답답해지고, 마음은 흥분하여 분노로 인한 생각이 멈추지 않기 때문에 잠도 제대로 자지 못하는 등의 정신적 고통을 겪게 됩니다. 더 나아가 분노로 인해서 타인에게 거친 말을 내뱉거나 물리적인 폭력을 행사하여 상해를 입힐 수도 있고, 심지어는 살인을 저지를 수도 있습니다.

슬픔, 비탄, 절망, 허무도 화다

슬픔은 자신이 처한 상황에 대하여 정신적 고통이 계속되는 마음이고, 비탄은 슬픔이 더욱 강해진 마음을 말하므로 슬픔과 비탄은 화의 일종입니다.

절망은 자신의 삶에서 바랄 것이나 희망이 없어진 그런 마음을 말하므로 자신이 처한 상황을 극단적으로 싫어하는 화의 한 형태라고 볼 수 있습니다. 허무는 삶이 가치 없고 무의미하게 느껴져 매우 허전하고 쓸쓸해 정신적으로 고통을 겪는 마음을 말하므로 화의 강한 형태입니다. 그래서 절망이나 허무에 빠진 사람들은 세상을 비관하여 삶을 포기하고 자살을 시도하기도 합니다.

이렇게 슬픔, 비탄, 절망, 허무 등은 화의 한 형태이므로 위험하고, 해롭고, 버려야 할 마음이라는 것을 분명히 알아야 합니다.

많은 분들이 불교를 염세적이고 허무한 종교라고 오해합니다. 여기에서 '염세적'이라는 말은 세상을 싫어한다는 의미이므로 화의 한 형태이고, '허무'도 삶의 가치를 찾지 못하고 무의미하게 여기는 마음으로 역시 화의 한 형태라고 설명했습니다. 불교는 탐욕, 성냄, 어리석음을 뿌리로 하는 해로운 마음이 괴로움의 원인이라는 통찰을 기반으로 탐욕이 없고, 성냄이 없고, 어리석음이 없는 마음을 계발함으로써 괴로움의 소멸을 지향하는 가르침입니다. 따라서 불교는 염세적이고 허무한 종교일 수 없습니다. 이런 염세와 허무는 그저 세상을 싫어하고 거부하는 화일 뿐이지만, 세상의 실상이 무상하고 괴로움이며 나라 할만한 것이 없다는 무아의 진리를 있는 그대로 통찰하는 것은 심오한 지혜입니다.

세상이 무상하고 괴로움이고 무아라는 진리를 바르게 통찰한 사람이라면 세상에 대하여 화를 내며 염세적인 마음이나 허무감에 빠지지 않을 것입니다. 오히려 불확실하고 괴로움의 속성이 있고 내 것이라 할만한 것이 없는 세상에서 벗어나 진정한 행복을 실현할 수 있는 길을 찾을 것입니다. 실제로 불교 수행자들은 허무와 좌절에 주저앉아 세상을 비관하는 사람이 아니라, 괴로움의 소멸을 위해 그 누구보다 열정적으로 노력하고 분투하는 사람들입니다. 이처럼 불교는 염세적이거나 허무한 종교라 할 수 없습니다. 그렇게 말하는 것은 불교에 대한 무지에서 비롯된 것입니다.

질투, 인색함, 후회도 화다

질투는 남이 성공했을 때 그것을 시기하고 싫어하는 마음이고, 인색함은 자신의 성공을 남과 나누는 것을 싫어하는 마음이므로 이 둘은 화의 한 형태입니다.

질투는 함께 기뻐하는 마음과 상대적인 개념입니다. 남의 성공을 보고 시기하지 않고 '잘했습니다.', '훌륭합니다.'라고 함께 기뻐하면 질투가 버려집니다.

인색함은 보시布施와 상대적인 개념입니다. 어떤 사람들은 나중에 돈을 많이 벌거나 성공하면 그때 보시하겠다며 지금 당장 할 수 있는 보시를 미룹니다. 그렇지만 보시를 자꾸 미루다 보면 그것을 하고자 하는 마음이 점차 말라 버려 나중에 성공하더라도 실천하기가 어려워집니다. 마치 소젖을 매일 짜지 않고 나중에 한꺼번에 짜겠다고 미루다 보면 소젖이 아예 말라 버리는 것처럼. 반면에 지금 당장 할 수 있는 것부터 조금씩이라도 보시하는 사람은 습관이 되어 나중에 성공해서도 보시를 계속할 수 있습니다. 마치 소젖을 매일 짜면 소젖이 더 잘 나오는 것처럼. 이렇게 평소 보시하는 습관을 들이면 인색함이 사라집니다.

또 자신이 터득한 뛰어난 가르침을 남에게 알려 주기 싫어하는 것도 인색함입니다. 붓다 당시에 인도의 여러 스승들은 자신이 알고 있는 가장 중요한 것을 제자들에게 가르쳐 주지 않고 꼭 쥐고 있다가 죽을 때 비로소 가르쳐 주었다고 합니다. 가르침 전부를 미리 전수해 버리면 제자들을 자기 마음대로 할 수 없다고 생각했기 때문입니다. 하지만 붓다께서는 그러지 않으셨습니다. 당신은 주먹에 쥐고 있는 것이 없다고 말씀하셨습니다. 붓다께서는 인색함을 버렸기 때문에 당신이 목숨을 바쳐 익힌 진리의 가르침을 아무런 대가를 바라지 않고 숨김없이 다 가르쳐 주고 알려 주었습니다.

후회는 해야 할 유익한 행위를 하지 않았을 때나 행하지 말아야 할 해로운 행위를 했을 때 그것을 싫어하면서 애태우고 안달복달하는 마음이므로 화의 일종입니다. 예를 들어 길 위에 한 노인이 무거운 짐을 들고 지나가는 것을 보고도 그냥 지나쳤을 때나 사소한 일로 친구에게 버럭 화를 내고 돌아왔을 때 후회가 일어날 수 있습니다.

여기에서 한 가지 주의할 점은 후회와 참회懺悔의 차이입니다. 참회는 과거의 자기 잘못을 돌아보고 반성하여 지혜를 계발함으로써 다시는 같은 행위를 반복하지 않도록 하는 것이므로 유익한 마음입니다. 그러나 많은 경우 잘못한 일을 참회하는 것이 아니라 '내가 왜 그랬을까?', '나는 못난 인간이야.' 하고 자책하면서 지난 일을 계속 떠올리고, 자신을 싫어하고 학대합니다. 자기가 한 행위에 대해서 스스로 비난하고 미워하는 마음은 화임을 분명히 알아야 합니다.

이처럼 과거를 놓지 못하고 자신을 싫어하는 감정을 반복해서 일으키는 후회의 마음은 자기 성장에 도움이 되지 않습니다. 오히려 자신을 괴롭히고 성장의 걸림돌이 될 뿐입니다. 심한 경우 마음에 깊은 상처로 남아 정신적인 병으로 발전하기도 합니다. 그래서 후회하기보다는 자신의 잘못이나 허물을 인정하고 참회하는 것이 좋습니다. 잘못된 일이 왜 발생했고 그런 행동을 반복하지 않으려면 어떻게 해야 하는지 숙고하여 지혜를 계발하는 계기로 삼아야 합니다. 이렇게 과거의 잘못에 대하여 참회하는 것은 과거의 잘못을 통해 지혜가 생기고 자신이 성장할 수 있는 계기가 되므로 수행의 디딤돌이 될 수 있습니다. 한마디로 후회는 수행의 걸림돌이지만, 참회는 디딤돌이 될 수 있습니다.

한편 불교의 독특한 접근 방식 중 하나가 나쁜 행위를

저지른 것은 잘못된 것이지만 그 행위 자체를 변하지 않는 실체로써 보지는 않는 것입니다. 불교 경전 구절에 "죄무자성종심기罪無自性從心起"라는 구절이 나옵니다. 여기서 죄는 과거의 잘못에 해당하는데 과거의 잘못은 자성自性, 즉 자신의 고유 성질이 있는 실체가 아니며 단지 마음에서 일어난 현상일 뿐이라는 뜻입니다. 다시 말해서 과거의 잘못은 조건의 결합으로 인해 생겨난 하나의 현상이므로 해로운 작용은 있지만, 영원히 변하지 않는 실체는 아니라고 본다는 것입니다. 이처럼 과거의 잘못된 행위는 해로운 작용은 있었지만, 이미 사라진 현상이므로 실체가 없다고 보는 것은 후회를 극복하는 데 큰 도움이 됩니다.

우울함, 공포, 불안도 화다

우울함은 자신의 상황이나 조건을 싫어하는 마음을 말하므로 화의 일종이며 해로운 마음입니다. 갖고 싶은 물건이 있는데 조건이 여의치 않아 갖지 못해 우울하거나, 좋아하는 연인과의 이별을 받아들이기 힘들어 우울하거나, 사랑하는 대상의 죽음에 큰 슬픔을 느껴 우울하거나, 사람마다 겪는 에피소드는 다 다릅니다. 하지만 우울함은 내가 처한 상황이 싫고 마음에 들지 않음에서 오는 정신적 괴로움이 동반되므로 화의 범주 안에 들어갑니다.

사실 슬픔, 무기력과 같은 우울감은 일상 속에서 누구나 경험하게 되는 일반적인 반응이라 할 수 있습니다. 그러나 우울감이 일상생활의 정상적인 기능을 저하하는 등 증상이 몇 주 이상 계속된다면 전문가의 적절한 도움이 필요합니다. 우울과 관련된 질환은 치료만큼 예방도 아주 중요합니다. 바깥에 나가 햇빛을 받으며 산책하거나 운동을 하는 등의 생활 습관을 갖는 것도 우울증에 빠지지 않게 하는 보호 요인이 됩니다. 그리고 그보다 더 좋은 것은 우울한 마음을 화라고 즉시 알아차림으로써 화의 위험성과 해로움을 통찰해 우울한 마음을 떨치고 그러한 생각이 반복되고 계속되지 않도록 하는 것입니다.

공포는 두렵고 무서워하면서 싫어하는 마음을 말하므로 공포도 화의 일종입니다. 공포는 사람들이 삶에서 자주 경험하는 마음입니다. 하지만 공포가 강박적으로 특정한 대상이나 상황에 결부되어 정상적인 행동을 방해하는 비정상적인 반응을 유발할 수 있습니다. 이를 공포증이라 합니다. 예를 들면 낯선 사람들과 만나는 것을 두려워하는 대인공포증, 높은 곳에 올라가면 극도의 불안과 두려움을 느끼는 고소공포증, 사회적 관계나 다양한 사회적 상황에 대하여 극도의 두려움을 느끼는 사회공포증, 폐쇄된 공간에 대하여 극도의 두려움을 느끼는 폐소공포증 등이 있습니다. 이와 같은 공포증은 특정한 상황이나 대상을 통해 공포를 경험한 것이 그때의 조건과 상황에서 일어난 것일 뿐 실체가 없는 것이라고 보지 못하는 어리석음을 조건으로 일어납니다. 이런 어리석음으로 인해 그때의 기억을 반복해 떠올리면서 공포를 느끼므로 점차 마음의 습관이 되어 공포증으로 발전하는 것입니다.

그래서 이와 같은 공포증을 극복하려면 자신이 특정한 상황이나 대상에서 공포를 경험한 것은 그때의 조건과 상황에서 일어난 것일 뿐 실체가 없다고 통찰함으로써 그것에 대한 집착을 버리는 노력을 기울여야 합니다. 구체적인 예로 어떤 사람이 고장 난 승강기 안에 몇 시간 동안 갇혀 있다가 나왔다고 합시다. 이 일을 그때 마침 승강기에 문제가 있었거나 전력 공급에 문제가 생겨서 일어난 일로 받아들이면 하나의 사건으로 여기고 지나갈 수 있습니다. 하지만 당시의 고통스러웠던 상황을 반복해서 떠올리면 승강기에 대해 두려워하고 싫어하는 마음이 강해져서 나중에는 승강기 근처만 가도 마음이 불안하고 두려워져 폐소공포증으로 발전할 수 있습니다.

불안은 자신이 처한 상황에 대하여 논리적 인과관계에 따라 생각을 하는 것이 아니라 무질서하게 생각하면서 무력감을 느끼고 두려워하는 마음입니다. 불안한 마음이 일어나면 신체적으로도 심장 박동이 증가하고, 호흡은 빨라지며, 땀이 흐르고, 근육이 긴장되고, 몸이 떨리는 등의 현상이 나타납니다. 이렇게 불안도 자신이 처한 상황에 대하여 불만족스럽고 싫어하는 마음이므로 화의 한 형태입니다.

불안도 화의 한 형태이고, 해로운 마음임을 이해한다면 불안한 마음이 일어날 때 즉시 알아차리고 그것을 버리려고 노력할 수 있습니다. 그러면 불안이 심각해지거나 병적인 증세로 악화하지 않을 것입니다. 하지만 불안이 화이고, 그것의 위험성을 모른 채 무관심하게 내버려 둔다면 불안이 점점 더 강해져서 불안장애, 공황장애, 트라우마 등의 병적인 증세로 발전할 수 있으므로 주의해야 합니다.

불안장애는 불안이 일상화되어 특별한 이유 없이 비정상적인 불안을 느끼는 장애를 의미합니다. 일반적으로 불안장애가 있는 사람은 매사에 짜증을 잘 내고 예민하며, 닥쳐오지 않을 위험을 걱정하고 최악의 상황만을 상상하는 경향이 있습니다. 그래서 불안장애가 있으면 정상적인 생활을 하는 데 많은 어려움을 겪게 됩니다.

이와 같은 불안장애가 극심해진 것이 공황장애입니다. 공황장애가 있으면 지금 당장에 죽을 것 같은 극심한 공포인 공황발작이 반복적으로 일어나므로 정상적인 생활을 지속하기가 어렵고 매우 큰 정신적 고통을 겪게 됩니다.

이처럼 사소한 불안도 방심하여 내버려 두면 점점 심해져서 불안장애나 공황장애로 발전해 큰 고통을 겪을 수 있습니다. 그러므로 불안한 마음이 일어날 때 그것을 즉시 알아차려야 합니다. 그리고 그것이 화의 한 형태이고 위험하고 해롭다는 것을 분명히 이해하여 불안을 버리고 예방하려고 노력해야 합니다.

트라우마는 '상처'라는 의미의 그리스어 '트라우마트traumat'에서 유래된 말이라는 점에서 짐작할 수 있듯이 과거에 있었던 큰 상처로 인한 정신적 외상外傷을 뜻합니다. 다시 말해서 과거에 경험했던 큰 사고나 폭행, 질병, 테러 등의 사건으로 큰 충격을 받은 사람이 그와 비슷한 상황에 부딪혔을 때 당시의 감정을 다시 느끼면서 심리적 불안을 겪는 증상을 말합니다. 그래서 트라우마도 화의 일종이라 할 수 있습니다.

이와 같은 트라우마는 외상 후 스트레스 장애를 유발할 수 있습니다. 외상 후 스트레스 장애가 있는 사람은 신경이 날카로워지고, 매사에 집중하지 못하며, 수면에도 문제가 생길 뿐 아니라 자신이 겪은 일에 관한 생각을 멈출 수가 없고, 극심한 불안과 공포를 경험하게 됩니다. 이와 같은 외상 후 스트레스 장애가 생긴 사람은 이미 정상적인 마음이 작동하기 어려운 상태이므로 가능하면 빨리 전문가의 도움을 받아 전문적인 치료를 받는 것이 좋습니다. 전문적인 치료를 병행하면서 바른 가르침을 의지해 꾸준히 수행한다면 이를 완전히 극복하여 정상적인 삶을 회복할 수 있습니다.

화가 반복되면 마음의 성향이 된다

이상에서 살펴본 것처럼 화는 사람들에게 익숙한 분노, 격노, 성냄, 역정, 노여움 등뿐만 아니라 지루함, 스트레스, 질투, 인색, 후회, 슬픔, 허무, 절망, 우울, 공포, 불안 등 매우 다양한 형태가 있습니다. 또 화는 큰 괴로움 없이 지나가는 사소한 화부터 상당한 정신적 고통을 유발하는 강력한 화까지 광범위한 스펙트럼을 가지고 있습니다.

화가 가볍게 일어날 때는 정상적인 삶에 큰 장애가 되지도 않고, 괴로움도 크지 않으며, 화를 버리는 것도 어렵지 않습니다. 하지만 화가 습관이 되어 강력해지면 정상적인 삶에 많은 장애가 생기고, 큰 괴로움을 겪게 되며, 화를 버리는 일도 훨씬 어려워집니다. 따라서 화에 대한 바른 이해를 바탕으로 마음을 잘 관찰하여 화가 일어나면 화라고 분명히 알아차리고, 화가 성장하지 않도록 그것을 버리고 예방하는 지혜를 계발하는 것이 중요합니다.

사람들의 습관이 그렇듯 화 역시 반복해서 일으키다 보면 점점 자라서 습관이 되고 더욱 강력해집니다. 화를 반복하는 일은 화라는 불에 연료와 공기를 불어 넣는 것과 같습니다. 마치 묘목에 물과 거름을 주면 묘목이 잘 자라 나무가 되는 것처럼. 더 나아가 화를 내는 것이 습관이 되고 강력해지면 화가 마음의 성향으로 자리를 잡게 됩니다. 화가 습관이 된다는 말은 무의식중에 화를 낸다는 의미입니다. 그러면 자신이 화를 내는 줄도 모른채 화를 내게 되고, 화를 내는 일이 마음의 성향으로 자리 잡게 되는 것입니다. 마치 나무가 잘 자라게 되면 뿌리가 견고해져서 나무가 흔들림이 없는 것처럼.

보통 사람도 우울, 불안, 공포, 상처 등의 화는 조금씩 있습니다. 하지만 이와 같은 화의 위험성을 모르고 자꾸 반복하다 보면 화가 점점 자라고 마음에 자리를 잡게 됩니다. 그러면 정상적인 삶을 사는 데 큰 장애가 생기고, 정신적 고통도 점차 커지며, 화를 버리는 일도 훨씬 어려워집니다. 더욱이 우울증, 불안장애, 공황장애, 공포증, 외상 후 스트레스 장애 등과 같이 병적인 증세로 발전할 수 있습니다. 그러면 정상적인 삶이 거의 불가능해지고 죽음을 생각할 정도로 큰 정신적 고통을 느끼게 되어 전문가의 도움이나 약물 치료 등을 통하지 않고서는 화를 버리기가 어려워지게 됩니다. 이와 같은 화의 위험성을 분명히 통찰하여 화가 일어나면 화라고 알아차리고 화를 버림으로써 화가 반복되어 마음의 성향이 되지 않도록 노력해야 합니다.

이렇게 화는 진행될수록 그 힘이 강력해지고 마음의 성향이 될 수도 있으므로 화가 사소하다고 해서 방심하거나 가벼이 여겨서는 안 됩니다. 화가 가볍게 일어날 때는 괴로움도 크지 않고 어렵지 않게 그것을 버릴 수 있습니다. 그렇지만 가벼운 화일지라도 방심하여 계속 반복되는 것을 내버려 두다 보면 화는 점점 자라고 강력해져서 그것이 심각한 괴로움을 일으키고, 병적인 증세로 이어져 큰 문제를 일으킬 수도 있습니다. 더구나 가벼운 화는 어렵지 않게 버릴 수 있지만 이미 강력해진 화를 버리려면 훨씬 더 많은 시간과 노력이 필요합니다. 마치 처음 생긴 작은 불씨는 쉽게 끌 수 있지만, 활활 타오른 불길을 잡기 위해서는 큰 노력과 시간이 필요한 것처럼. 그러므로 사소한 화라도 일어나면 그것이 화인 줄 알아차리고 즉시 내려놓도록 노력해야 합니다.

정당한 화란 없다

요즘 사회는 생존 경쟁이 심하여 스트레스 지수가 매우 높고 사람들의 마음도 상당히 거칠어졌습니다. 물질문명이 발달하면서 사람의 성품이나 인격보다는 재물이나 권세가 사람을 평가하는 기준이 되고 있습니다. 인간적 윤리보다 물질적 가치가 우선시되어 자신의 이익을 위해서는 수단과 방법을 가리지 않습니다. 그러다 보니 사회 전반적으로 불만이 많아져 화도 많아진 게 사실입니다.

때로 사람들은 세상의 부조리에 대해 분개하고 세상을 개선해야 한다는 대의명분을 앞세워 '이것은 정당한 화야!', '이런 상황에서 화를 내지 않는 것은 비겁한 일이야.', '내가 화를 내는 것은 당연한 일이야!'라고 자신이 화 내는 것을 정당화하고 합리화합니다.

하지만 분명한 점은 정당함에 대한 것이든 부당함에 대한 것이든 싫어하는 특성이 있는 마음은 화라는 것입니다. 이런 통찰은 부조리한 문제를 개선하는 일이 잘못되었음을 의미하는 게 아닙니다. 아무리 좋은 일을 한다고 해도 그 일을 할 때의 마음이 가장 중요한데, 마음에 화가 있는 것은 바람직하지 않습니다. 왜냐하면 화에 휩싸인 상태에서 일어나는 생각과 행동에는 지혜가 부족하기 때문입니다. 또 어떤 부조리한 문제를 해결하기 위해 화로써 대처한다면 상대방도 거기에 대해 똑같이 화로써 저항하면서 돌고 도는 다툼의 악순환이 계속될 수 있습니다. 세상의 문제를 개선하기 위해 노력하는 것은 매우 훌륭한 일이지만, 그 일을 실천할 때는 반드시 자비와 지혜를 바탕으로 해야 합니다. 화를 바탕으로 행동에 나서는 것은 또 다른 문제를 초래할 뿐 아니라 자신에게는 해로운 업[不善業]을 짓는 일이 됩니다.

더욱이 화가 난 마음으로는 바른 판단을 할 수가 없습니다. 불교 경전에서는 화를 부글부글 끓는 물에 비유합니다. 이것은 화가 나 있으면 마음이 들끓고 흥분되기 때문에 판단력이 흐트러져 상황을 냉정하고 객관적으로 볼 수 없음을 뜻합니다. 이런 마음으로 문제를 해결하려 한다면 문제는 더욱 꼬이고 미궁에 빠지게 됩니다. 붓다께서는 원한은 원한으로 갚아지지 않는다고 하셨습니다. 내 마음속의 화를 먼저 내려놓고 자비롭고, 안정되고, 또렷한 마음으로 문제를 해결하려고 해야 진정으로 문제를 해결할 수 있습니다. 화를 내려놓으면 마음이 고요하고 또렷해지므로 자신이 해결해야 할 문제에 대하여 올바른 판단이 가능해집니다. 따라서 부조리한 일을 개선하기 위해 노력할 때는 먼저 화를 버리고 고요하고 자비로운 마음을 갖는 것이 우선시되어야 합니다. 그래야 부조리한 일을 합리적이고 정당한 방법으로 부작용이 없이 지혜롭게 개선할 수 있습니다.

03

화는
해로운 작용은 있지만
실체는 아니다

화는 조건을 의지해서 일어난다

화는 실상의 관점에서 보면 감각 기능과 대상이 접촉할 때 일어납니다. 다시 말해서 형상에 대한 화는 눈과 형상의 접촉을 조건으로, 소리에 대한 화는 귀와 소리의 접촉을 조건으로, 냄새에 대한 화는 코와 냄새의 접촉을 조건으로, 맛에 대한 화는 혀와 맛의 접촉을 조건으로, 감촉에 대한 화는 몸과 감촉의 접촉을 조건으로 일어납니다. 또 형상, 소리, 냄새, 맛, 감촉을 제외한 나머지 현상들[법]에 대한 화는 마음과 법의 접촉을 조건으로 일어납니다.

예를 들어 과거에 미워했던 사람을 우연히 만나 화가 나는 경우를 생각해 봅시다. 이것을 실상의 관점에서 본다면 먼저 그 사람[대상]이 눈[감각 기능]에 접촉할 때 눈 의식이 일어나서 그 사람을 알게 되고, 눈 의식이 일어난 다음 그 사람에 대해 분별하고 생각하는 마음 의식이 일어나서 그 사람에 대해 화를 내는 것입니다. 이처럼 형상에 대한 화는 '눈'과 '그 사람'과의 접촉을 조건으로 일어납니다. 나머지 소리, 냄새, 맛, 감촉에 대한 화도 위의 형상에 대한 화와 마찬가지로 이해하면 됩니다.

또 형상, 소리, 냄새, 맛, 감촉의 다섯 감각 대상과는 달리 과거의 경험, 기억, 지식, 개념, 미래의 계획 등의 법은 눈, 귀, 코, 혀, 몸의 오감을 거치지 않고 바로 마음에 떠오릅니다. 이때 그것을 분별하고 생각하는 마음 의식이 일어나서 화를 내는 것입니다.

예를 들어 과거의 상처가 마음에 떠오를 때 그것을 싫어하는 마음, 즉 화가 난 경우를 생각해 봅시다. 이것을 실상의 관점에서 본다면 과거의 상처[대상]가 마음[감각 기능]에 접촉할 때 그 상처에 대하여 분별하고 생각하는 마음 의식이 일어나서 그것에 대해 화를 내는 것입니다. 이처럼 현재의 다섯 감각 대상을 제외한 나머지 현상들, 즉 법에 대한 화는 마음과의 접촉을 조건으로 일어납니다.

이상을 통해 알 수 있듯이 형상, 소리, 냄새, 맛, 감촉, 법에 대한 화는 눈과 형상, 귀와 소리, 코와 냄새, 혀와 맛, 몸과 감촉, 마음과 법의 접촉을 조건으로 일어납니다. 이것은 화가 감각 기능과 대상의 접촉을 의지해서 생겨난 것임을 의미합니다. 한마디로 화는 조건을 의지해서 일어납니다.

화는 자신의 고정된 모습이 아니다

화가 조건을 의지해서 일어난다는 것은 조건이 다하면 사라지기 마련이란 의미를 담고 있습니다. 예를 들어 어떤 사람에 대해 오해가 있을 때 화가 일어났다가, 오해가 풀리면 화는 사라집니다. 원수를 생각할 때마다 화가 일어나지만, 원수를 용서하면 화가 사라집니다. 이처럼 화는 조건을 의지해서 생겨난 것이므로 조건이 사라지면 화도 사라지기 마련입니다. 그래서 화는 영원하지 않고 무상합니다. 화가 무상하다는 것은 화가 고정불변하는 실체가 아님을 의미합니다. 만약 화가 고정불변하는 실체라면 화는 사라지지 않고 정신적 고통이 계속되어야 하지만 마음은 그렇지 않습니다. 실제는 화를 낼 조건이 있을 때 화가 일어나서 정신적 고통이 생기지만, 화를 낼 조건이 사라지면 화가 사라져서 정신적 고통도 사라집니다. 이같이 화는 고정불변하는 실체가 아니라 조건 따라 일어났다가 사라지는 무상한 정신 현상일 뿐입니다.

따라서 화는 변화하는 자신의 여러 가지 모습 중 한 가지일 뿐이라고 이해해야 합니다. 화가 곧 자신의 고정된 모습이라며 동일시해서는 안 됩니다. 사람들의 마음은 조건 따라 계속 변하는 것이지 고정된 형태로 나타나지 않습니다. 다시 말해 사람들의 마음은 때로 화를 내고, 때로 우호적이고, 때로 집착하고, 때로 놓아 버리는 등 끊임없이 변하는 것이지 고정불변하는 것은 아닙니다. 이를 분명히 이해해야 화를 자신의 고정된 모습이라 생각하며 동일시하지 않고 '단지 화가 일어나는구나.'라며 객관적으로 알아차릴 수 있습니다. 그러면 화를 집착하지도, 싫어하지도 않는 평온한 마음을 기반으로 통찰하여 '화의 특성은 무엇인지', '화의 원인은 무엇인지', '화를 버리는 방법은 무엇인지', '어떻게 하면 다시는 화가 일어나지 않게 할 수 있는지'를 꿰뚫어 알고 화를 소멸할 수 있습니다.

반면에 화가 무상하고 실체가 아님을 이해하지 못하면 자신에게 일어난 화를 알아차리는 수행을 실천할 때 화를 자신의 고정된 모습으로 생각하며 동일시하여 '나는 화가 많은 사람이야!', '나는 나쁜 사람이야!', '나는 수행할 자격이 안 돼!' 등의 고정관념을 가지고 자신을 싫어하게 됩니다. 이러다 보면 자신의 마음을 알아차리는 수행이 힘든 일이 되므로 수행을 두려워하거나 심지어는 수행을 멈추게 될 수도 있습니다. 실제 많은 사람들이 자신을 알아차리는 수행을 하면서 '내가 이렇게 옹졸한 줄 몰랐다. 내 마음이 이렇게 화가 많은 줄 몰랐다.'라고 자책합니다. 이것은 자신에게 일어나는 화 등의 해로운 마음을 자신의 고정된 모습으로 생각하며 동일시하고 그런 모습이 있는 자신을 싫어하기 때문에 발생하는 문제입니다. 이 문제는 화 등의 해로운 마음이 조건을 의지해서 생겨난 정신 현상일 뿐이므로 무상하고 실체가 아님을 분명히 이해함으로써 그것들을 자신과 동일시하지 않고 '단지 화가 있구나.', '단지 해로운 법이 있구나.'라며 객관적으로 알아차린다면 쉽게 극복할 수 있습니다.

어떤 사람은 '수행하지 않을 때는 오히려 화가 없었는데 수행을 하니 화가 더 많아진 것 같다.'라며 하소연을 하기도 합니다. 이것은 원래 없던 화가 늘어난 것이 아니라 수행하기 이전에도 있었지만 알아차리지 못했던 화가 수행을 통해 분명히 드러난 것일 뿐입니다. 이 문제는 '내가 화 등의 해로운 마음이 있음을 몰랐다면 앞으로 계속 그런 마음으로 살아가게 될 것이고 그것들 때문에 많은 고통을 겪었을 것이다. 이와 같은 화 등의 해로운 마음을 발견한 것은 정말 다행이다. 화 등의 해로운 마음을 발견했기 때문에 그것을 버리는 지혜를 계발할 수 있다.'라고 지혜롭게 숙고함으로써 극복할 수 있습니다.

이처럼 화 등의 해로운 마음을 자신의 고정된 모습으로 생각하며 자신과 동일시하지 않는 바른 통찰을 계발해야 합니다. 이를 바탕으로 마음을 관찰하고 알아차리는 수행을 함으로써 수행이 힘들거나 두려운 일이 아니라 오히려 행복하고 유익한 일이 될 수 있습니다.

화는 해로운 작용은 있지만 실체는 아니다

화는 조건을 의지해서 생겨납니다. 다시 말해서 조건이 있으면 화가 생기고, 조건이 다하면 화가 사라집니다. 조건이 사라지면 화도 사라지기 마련이므로 화는 무상하고 무아입니다. 이것은 화가 변하기 마련인 마음일 뿐이므로 고정불변하는 실체가 아님을 뜻합니다. 결과적으로 '조건이 없으면 화가 없다'라는 말은 화는 실체가 아님을 의미합니다. 화는 실체가 아님을 이해해야 화를 자신과 동일시하지 않고 단지 변해 가는 마음의 한 부분일 뿐임을 분명히 통찰할 수 있습니다.

하지만 '조건이 있으면 화가 있다'라는 말은 화라는 마음이 분명히 작용함을 의미합니다. 마음에 화가 일어났을 때는 정신적 고통이 동반되어 자신을 괴롭게 할 뿐 아니라 남에게 거친 말을 하거나 폭력을 행사하는 등 남도 괴롭게 합니다. 이처럼 화가 일어났을 때는 분명히 나와 남을 고통스럽게 하는 해로운 작용이 있음을 이해해야 화는 괴로움이 일어나게 하는 해로운 마음이므로 계발해서는 안 되며, 버려야 할 마음임을 분명히 통찰할 수 있습니다.

그러므로 '화는 실체는 아니지만, 해로운 작용은 있다.' 또는 '해로운 작용은 있지만, 실체는 아니다.'라고 중도中道적으로 균형감 있게 이해해야 화에 대하여 지혜롭게 대처하여 화를 버릴 수 있습니다.

예를 들어 과거의 큰 상처, 나쁜 기억, 극심한 공포로 인한 화가 마음에 각인되어 화를 마치 실체인 것처럼 느끼는 사람도 있습니다. 이런 경우 화는 단지 과거의 조건에서 일어난 정신 현상일 뿐 변하지 않는 실체가 아니라는 측면에 주목해야 합니다. 그렇게 해야 화를 자신의 고정된 모습으로 동일시하지 않고 마음에 각인된 화를 희석시킴으로써 화를 좀 더 쉽게 내려놓을 수 있습니다. 그런데 이러한 경우 화가 실체가 아니라는 측면보다 해로운 작용이 있다는 측면에 주목하다 보면 화를 자신과 동일시하여 괴로움이 더 커질 수 있습니다. 그러므로 과거의 기억으로 인한 화가 실체가 아니라는 측면에 더 주목함으로써 화를 희석하고 자신과 동일시하지 않아야 화를 버리기가 쉬워집니다.

반면 화를 내는 것에 무감각하여 화를 자주 일으키는 사람도 있습니다. 이런 경우는 화가 실체가 아니라는 측면보다 화는 나와 남을 고통스럽게 하는 해로운 작용이 있다는 측면에 주목해야 합니다. 그러면 화가 위험하고 해로운 작용이 있음을 분명히 통찰함으로써 화를 내버려 두지 않고 버리기 위해 열심히 노력할 것입니다.

이처럼 화는 '실체는 아니지만, 해로운 작용이 있다.' 또 '해로운 작용은 있지만, 실체는 아니다.'라고 중도적으로 이해해야 합니다. 그렇게 해야 화가 실체가 아니라는 쪽으로 마음이 기울어 화에 무감각해질 때, 화는 해로운 작용이 있음에 주목하여 마음의 균형을 잡을 수 있고, 반면에 화가 해로운 작용이 있다는 쪽으로 마음이 기울어 화를 자신과 동일시할 때는 화가 실체가 아니란 점에 주목함으로써 마음의 균형을 잡아 화를 효과적으로 버릴 수 있습니다.

화를 화라고 알아차려라

화를 버리기 위해서는 먼저 화가 일어날 때 화라고 분명히 알아차려야 합니다. 만약 자신에게 화가 일어나도 그것이 화인 줄 알아차리지 못한다면 화를 방치하게 됨으로써 화가 계속 자라게 될 것입니다. 그러면 화가 점점 커지고 강해져서 나쁜 생각이 들끓고 잠도 잘 자지 못하는 등의 큰 정신적 고통을 겪게 됩니다. 더구나 이미 커지고 강력해진 화는 알아차린다고 하더라도 버리기가 훨씬 어렵습니다. 그래서 화가 일어날 때 그것이 화라는 것을 가능한 한 빨리 알아차리려고 노력해야 합니다. 그러면 어떻게 해야 화를 잘 알아차릴 수 있을까요?

첫째, 화에 대한 바른 이해가 필요합니다. 앞서 설명했듯이 화는 대상을 싫어하는 특성이 있는 모든 마음을 말합니다. 그래서 화는 짜증, 분노, 스트레스, 슬픔, 절망, 허무, 우울, 공포, 불안, 트라우마 등 매우 다양하게 나타납니다. 더불어 화는 항상 정신적 불만족을 수반하므로 화가 일어나면 정신적 불만족이 있고, 정신적 불만족이 있으면 화가 일어난 것입니다. 이를 잘 이해하면 자신에게 일어나는 마음이 화인지 아닌지를 쉽게 구분할 수 있습니다.

둘째, 대상이 아니라 마음에 주의를 기울여야 합니다. 바깥 대상에 관심이 많은 사람은 마음을 관찰하기가 어렵습니다. 하지만 대상보다는 자신의 마음에 더 큰 관심과 주의를 기울여야 자신에게 어떤 마음이 일어나는지 알아차릴 수 있습니다.

그런데 여기에서 한 가지 주의할 점은 '마음을 알아차린다'는 것이란 이전에 일어났다가 사라진 마음을 '기억해서' 현재의 마음으로 알아차리는 것을 의미한다는 점입니다. 왜

냐하면 두 가지 마음이 한순간 동시에 일어날 수 없으므로
현재의 마음을 현재의 마음으로 알아차릴 수는 없기 때문입
니다. 다시 말해서 이전의 마음이 사라지고 난 후 즉시 기억
해내서 '이전에 이런 마음이 일어났었구나.'라고 뒤의 마음
으로 알아차리는 것입니다. 예를 들어 친구에게 화를 낸 후
에야 자신이 화낸 것을 기억해내어 '화가 일어났구나.'라고
알아차릴 수 있는 것입니다. 이처럼 화에 대한 바른 이해를
기반으로 대상보다는 마음에 더 큰 관심과 주의를 기울임으
로써 화가 일어날 때 화를 즉시 알아차릴 수 있습니다.

덧붙여 앞서 설명했듯 화는 해로운 작용은 있지만 실체
는 아니고, 실체는 아니지만 해로운 작용은 있습니다. 그러
므로 화를 '단지 화가 일어났구나.'라고 알아차려야지 '나는
왜 이렇게 화가 많지?', '나는 화가 많은 사람이야.' 등으로 자
신과 동일시하지 말아야 합니다. 화를 자신과 한 걸음 떨어
져서 관조하듯이 알아차려야 화에 휩쓸리거나 화와 다투지
않고 화를 조사함으로써 '화의 실상은 무엇인지', '화의 원인
은 무엇인지', '화가 사라지면 어떤 마음이 나타나는지', '화
를 버리는 방법은 무엇인지' 등에 대하여 분명하게 이해할
수 있습니다.

화를 화로써 대처하지 말라

보통 사람들은 화가 일어나면 화가 일어난 것 자체를 싫어하여 다시 화를 냅니다. 예를 들어 '이렇게 화를 내다니 나는 한심한 사람이야.', '화는 해로운 마음인데 이렇게 화를 내는 내가 싫어.'라며 다시 화로써 반응합니다. 이것은 이미 일어난 화에 대하여 다시 화를 내는 것이므로 바른 태도가 아닙니다. 화를 내는 자신을 향해 또 화를 내는 것은 첫 번째 화살을 맞은 이후에 두 번째, 세 번째 화살을 계속 맞는 것이나 다름이 없습니다. 이미 일어난 화를 싫어하고 거부하면서 그것을 다시 화로 대처하게 되면 이미 생긴 화에 새로운 화를 더 보탤 뿐입니다. 이런 태도는 화를 계속 지속하게 하고 커지게 하는 결과를 초래할 뿐입니다. 그러므로 이미 일어난 화에 대해서 다시 화를 내기보다 그것에 대처하는 바른 자세를 가다듬는 것이 중요합니다.

불교에서는 화가 전혀 일어나지 않는 것은 감각적 욕망과 성냄이 완전히 소멸한 성자인 '불환자不還者'가 되어야 가능한 일이라고 말합니다. 보통 사람들은 화가 생길 상황과 조건이 갖추어지면 화가 일어나기 쉽습니다. 그러므로 화가 일어난 것을 싫어하면서 화와 다투려 하지 말고 화를 이해하려고 노력해야 합니다. 그렇게 하려면 먼저 화가 일어날 때 화가 난 것에 대하여 화를 내지 말고 '단지 화가 일어났구나.'라고 객관적으로 알아차려야 합니다. 그러면 나아가 화에 압도당하지 않고 평온한 마음으로 화의 특성과 원인, 위험성, 화의 소멸 등을 조사할 수 있습니다. 이런 조사를 통해 화를 내는 일이 백해무익하고 나와 남을 고통스럽게 한다는 사실을 분명히 통찰하게 된다면 화를 버릴 수 있습니다. 이처럼 화를 대하는 올바른 자세는 화를 화로써 대처하여 화와 다투지 않고 화를 이해하는 것입니다.

화를 화로써 대처해 화와 다투면 화는 더 커지고 자라게 되지만, 화와 다투지 않고 화를 이해하기 위해 노력한다면 화를 통해서 오히려 지혜가 계발될 수 있습니다. 화가 일어날 때 화를 평온하게 알아차리고 '이것은 화구나. 이 화는 이런 조건에서 일어났으니, 그것을 버리면 화가 일어나지 않겠구나. 이 화를 버리는 방법은 이것이구나. 이렇게 지혜가 생기면 화가 다시는 일어나지 않겠구나.'라는 식으로 이해하는 것이 중요합니다. 화가 일어나도 화가 일어난 줄 모르거나 화가 왜 일어났는지 원인을 모르는 무지가 어리석음이라면, 화를 화라고 알아차리고 화의 원인을 이해하는 것은 지혜입니다.

화에 대하여 화로써 대처한다면 화는 마음의 장애 요소이고 걸림돌일 뿐입니다. 그렇지만 화를 화로써 대처하지 않고 이해하려고 노력한다면 화를 통해 지혜가 계발되어 지혜의 디딤돌이 될 수 있습니다.

이처럼 똑같이 화가 일어났더라도 그것에 대하여 어떻게 대처하느냐에 따라 오히려 화가 더 커지기도 하고, 지혜가 계발되기도 합니다. 따라서 올바른 수행자라면 화를 화로써 대처하지 않고 화를 이해해서 지혜의 디딤돌이 되도록 하는 것이 바람직합니다.

2

화를 버리는 지혜

01

화,
이해해야
버려진다

화는 분명히 통찰해야 버릴 수 있다

보통 사람들은 화가 일어날 때 화를 분출하거나 억누르는 쪽으로 반응합니다. 하지만 두 가지 모두 화를 극복하는 일에 바람직하지 않습니다.

어떤 사람들은 화가 일어나게 한 대상에게 화를 분출하는 것은 정당하고 당연하다고 생각하며, 화가 날 상황이 생기면 화를 내는 것으로 상대에게 대응합니다. 이렇게 화로써 대응했을 때 일시적으로는 마음이 후련하고 기쁠 수 있습니다. 하지만 불교 경전에는 "분노는 뿌리에 독이 있고 꼭대기에 꿀이 듬뿍 들어 있다."라는 가르침이 나옵니다. 이 가르침에서 알 수 있듯이 화를 내는 것은 일시적으로 달콤하고 통쾌할지 몰라도 그 뒤에 나타나는 정신적 고통, 상황의 악화, 상대의 복수, 물질적 피해 등의 수많은 후폭풍이 뒤따릅니다. 이처럼 화를 분출하는 것은 이후의 상황을 훨씬 더 나쁘게 하고 정신적 괴로움도 더 커지게 하므로 올바른 대응 방식이 아닙니다.

어떤 사람들은 화가 일어나면 화를 억누르고 참는 식으로 대응합니다. 이렇게 대응하면 화가 버려지는 것이 아니라 오히려 계속 이어지고 쌓이게 됩니다. 결국 적당한 조건을 만나면 화가 폭발하기도 하고, 화로 인한 병이 생기기도 합니다. 실제 많은 사람들이 화가 나도 화를 내지 않고 잘 참다가 어느 순간 화가 폭발하는 경우를 경험합니다. 이러한 일이 발생하는 이유는 그동안 화가 버려진 것이 아니라 억눌려 쌓여 있다가 자신이 참기 어려운 민감한 상황을 접했을 때 갑자기 분출되어 나타나는 것입니다. 더구나 화를 오래 참다 보면 화가 누적되어 공포증, 우울증, 공황장애 등의 병적인 증세로 발전할 수도 있습니다.

이처럼 화는 참고 억누른다고 버려지는 것도 아니고, 화를 분출한다고 버려지는 것도 아닙니다.

그렇다면 화는 어떻게 버릴 수 있을까요?

화는 화에 관하여 분명히 통찰할 때만 버려집니다. 다시 말해서 화가 삶에 어떤 형태로 나타나는지, 화의 특성은 무엇인지, 화의 원인은 무엇인지, 화가 버려지면 어떤 마음이 되는지, 화가 얼마나 위험하고 해로운지, 화가 없는 마음이 얼마나 유익한지, 화를 버리는 방법은 무엇인지 등에 관하여 명확히 통찰해야 합니다. 이와 같은 통찰이 생기면 화의 해로움과 화가 없는 마음의 이익을 꿰뚫어 알게 되고, 화를 어떻게 버리고, 어떻게 예방하는지도 명확히 꿰뚫어 알게 되어 화를 버릴 수 있게 됩니다.

예를 들어 한 남자 수행자는 자신의 동료에게 질투가 멈추지 않았습니다. 그의 동료는 능력이나 외모가 자신보다 뛰어나서 그를 보면 자신이 초라해 보이고 열등감이 느껴졌기 때문입니다. 이런 질투심은 그의 마음을 매우 고통스럽게 했으므로 그것을 버리기 위해 때로는 자신의 화를 억누르기도 하고, 때로는 동료에게 화를 내보기도 했지만 질투심은 좀처럼 가라앉지 않았습니다.

그러던 중 그는 '세상의 모든 것들은 조건을 의지해서 생겨난다'라는 붓다의 가르침을 기억했습니다. 사람마다 타고난 재능, 건강 상태, 가정 환경, 성격, 마음 상태 등 조건들이 전혀 다른데 세속적인 몇 가지 기준만으로 자신과 동료를 비교하면서 열등감을 느끼는 것은 어리석은 일임을 알게 되었습니다. 그저 자신의 조건에 맞게 자기 삶을 살면 되는 것이었습니다. 이렇게 조건을 분명히 통찰하게 되자 나와 남을 비교하는 마음을 멈추고 동료에 대한 질투심을 버릴 수 있게 되었습니다.

이처럼 화는 그 위험성과 해로움, 화의 원인 등에 관하여 분명히 통찰해야만 버릴 수 있습니다.

탐욕을 조건으로 화가 일어난다

불교에서는 세상의 모든 현상이 일어나는 데는 원인이 있다고 말합니다. 화가 일어나는 데도 분명히 원인이 있습니다. 그러므로 화를 버리기 위해선 화를 분명히 통찰하여 화라는 현상 그 자체뿐 아니라 화의 원인, 조건을 조사해 분명히 알아야 합니다. 그렇다면 화는 왜 일어나는 것일까요?

화는 탐욕의 반작용으로 일어납니다. 탐욕은 원하는 대상을 얻고자 집착하는 마음이므로 탐욕이 충족되지 못하면 불만족이 일어나고 화가 일어나는 것입니다. 더구나 설사 탐욕이 충족되더라도 자신이 얻은 것에 대한 집착이 있으므로 그것이 사라질까 두려워하고 초조해하며 괴로워하는 화가 일어날 수 있습니다. 그래서 붓다께서 '탐욕 때문에 화가 일어난다.'라고 설하신 것입니다.

『애생경愛生經』이라는 불교 경전에 다음과 같은 일화가 소개되어 있습니다. 한 아버지가 외아들을 잃고 마음의 고통을 참지 못해 괴로워하다가 붓다를 찾아뵙고 이러한 사정을 이야기했습니다. 그러자 붓다께서 "근심, 탄식, 육체적 고통, 정신적 고통, 절망은 사랑하는 사람에게서 생겨나고 사랑하는 사람에게서 발생한다."라고 말씀하셨습니다. 하지만 이분은 붓다의 말씀에 수긍하지 못하고 반발하였습니다. "사랑하는 사람이 있다면 기쁨과 즐거움이 일어나지 왜 괴로움이 생긴다는 말입니까?" 그러고는 붓다의 말씀에 대해 만족하지 못하고 집으로 갔습니다.

이후 붓다께서 하신 말씀이 꼬살라 국에 퍼졌는데 그 말씀을 이해하지 못하고 붓다를 의심하는 사람들이 생겨났습니다. 이 말은 꼬살라 국의 빠세나디 왕에게도 전해졌고, 그 이야기를 들은 빠세나디 왕도 '사랑하는 사람이 있을 때 왜 괴로움이 생긴다는 말인가?'라며 불만을 표시했습니다.

하지만 붓다의 독실한 신자이자 뛰어난 지혜를 지닌 빠세나디 왕의 왕비 말리까는 달랐습니다. 보통 사람들은 자기 견해에 빠져서 붓다의 가르침을 잘 이해하지 못하고 불만을 표시했지만, 말리까 왕비는 붓다께서 그렇게 말씀하셨다면 분명히 이유가 있다고 생각했습니다. 그래서 신하를 시켜 말씀의 진정한 의미가 무엇이고 의도하신 바가 무엇인지 붓다께 여쭈어보고 오라고 지시합니다.

그 신하가 "어떻게 사랑하는 사람이 있는데 괴로울 수 있습니까?"라고 여쭙자 붓다께서는 "어떤 여인의 어머니가 (…) 아버지가 (…) 오라버니가 (…) 자매가 (…) 아들이 (…) 딸이 (…) 남편이 죽었을 때 그녀는 그로 인해 실성하고 정신이 나가 버린다. 그래서 이 골목 저 골목을 다니면서 '내 어머니를 (…) 내 아버지를 (…) 내 오라버니를 (…) 내 자매를 (…) 내 아들을 (…) 내 딸을 (…) 내 남편을 못 보셨습니까?'라고 괴로워하며 울부짖는다. 이와 같은 예를 통해서 근심, 탄식, 육체적 고통, 정신적 고통, 절망은 사랑하는 사람에게서 생겨나고 사랑하는 사람에게서 발생한다는 것을 알 수 있다."라고 대답하셨습니다. 이 법문을 들은 신하는 매우 기뻐하며 붓다께 감사드린 뒤 왕비에게 대화의 내용을 전했으며, 이와 같은 법문을 전해 들은 말리까 왕비도 역시 아주 기뻐했다는 이야기입니다.

이 이야기에는 깊은 가르침이 숨어 있습니다. 사람들에게 일어나는 화는 독립적으로 작용하는 게 아니라 탐욕과 연관되어 있다는 겁니다. 실제로 성냄 또는 화를 숙고해 보면 그 이면에 반드시 탐욕이 숨어 있음을 알 수 있는데, 위의 이야기에서 여인이 겪는 괴로움의 주된 원인은 사랑하는 사람에 대한 애착입니다. 사실 지금도 수명이 다해서, 또는 여러 가지 병으로 인해 사망하는 분들이 많지만, 모든 사람들이 그분들 때문에 괴로워하지는 않습니다. 하지만 자기 가족과 친척, 친구, 연인 등 자기가 탐착貪着하는 누군가에게 그러한 일이 일어난다면 아주 큰 고통이 생깁니다. 이처럼 화는 탐욕을 조건으로 일어납니다.

보통 사람들은 화가 날 때 자신이 집착하는 탐욕을 충족시켜 괴로움에서 벗어나고자 합니다. 예를 들어 사람들은 괴로울 때 맛있는 음식을 먹거나 잠을 자거나 술을 마시거나 데이트를 하는 등 감각적 욕망을 누림으로써 괴로움에서 벗어나려 합니다. 이와 같은 방법도 일시적으로는 사람들을

109

행복하게 합니다. 하지만 이 행복은 탐욕을 기반으로 일어난 것이므로 또 다른 정신적 고통의 원인이 됩니다. 탐욕의 속성 자체가 하나를 얻으면 둘을 얻고 싶고, 둘을 얻으면 셋을 얻고 싶은 것처럼 만족할 줄 모르기 때문입니다. 이러한 이유로 붓다께서는 '하늘에서 황금 비가 내려도 사람들의 욕망은 채워지지 않는다.'라고 말씀하신 것입니다.

이렇게 탐욕은 만족할 줄 모르고 끊임없는 갈증을 불러 일으키므로 화의 씨앗이 됩니다. 따라서 감각적 욕망을 충족하여 괴로움에서 벗어나려고 하는 일은 또 다른 화가 일어나는 조건이 될 뿐 화를 버리는 방법이 될 수 없습니다.

화를 진정으로 버리려면 화가 일어나게 하는 원인인 탐욕을 버려야 합니다. 예를 들어 보겠습니다. 많은 사람들은 불확실한 미래에 대하여 불안해합니다. 여기에서 불안도 불만족스럽고 싫어하는 마음이므로 화의 일종입니다. 이러한 불안의 원인은 안정된 삶에 집착하는 탐욕 때문입니다. 이와 같은 안정된 삶에 대한 탐욕으로 인해 미래에 대한 불안이 생기는 것입니다.

그런데 세상의 모든 것들은 조건에 의해 생겨난 것이어서 조건이 다하면 사라질 수밖에 없으므로 무상하고, 무상한 것들은 불완전하고, 불확실하고, 불만족스러운 속성이 있습니다. 또 무상하고 불확실한 것들을 내 마음대로 통제할 수 없습니다. 주변 환경을 자신이 원하는 대로 바꾸고 싶다 해도 자기 마음대로 되지 않습니다. 세상이 자신이 원하는 대로 되기를 바라지만 그렇게 되는 일이 많지 않습니다. 심지어 내 몸, 내 마음도 뜻대로 되지 않습니다. 항상 행복하기를 바라면서 집착해도 행복은 조건이 다하면 사라집니다. 늙지 않고, 병들지 않고, 죽지 않기를 바라고 집착해도 늙어가고, 병에 시달리다가 결국 죽기 마련입니다. 이처럼 세상의 모든 일은 불확실하고 내 마음대로 통제할 수 없습니다. 그러므로 사람들의 삶이 불확실한 것은 당연하고 자연스러운 일입니다.

이러함에도 자신의 미래가 확실하기를 집착하므로 정신적 괴로움이 일어나고 불안해지는 것입니다. 집착이 강할수록 불안도 훨씬 커집니다. 설사 지금 안정된 삶을 살고 있다고 하더라도 그것은 잠시일 뿐입니다. 조건이 다하면 사라지기 마련이므로 그것이 사라질 때의 상실감으로 인한 불만족과 미래에 대한 불안이 일어나게 됩니다. 하지만 세상의 모든 현상은 조건을 의지해서 일어났다가 사라질 뿐이므로 무상하고, 불확실하고, 내 마음대로 통제할 수 없음을 분명히 통찰한다면 확실한 미래에 대해 집착하는 탐욕을 버릴 수 있습니다. 이렇게 자신의 미래가 확실하기를 집착하는 탐욕이 버려지면 나아가 불안도 버려지게 됩니다. 다시 말해 탐욕을 조건으로 화가 일어나므로 탐욕이 버려지면 화도 저절로 버려지는 것입니다.

어리석음을 조건으로 탐욕이 일어난다

화가 탐욕을 조건으로 일어난다면, 탐욕은 무엇을 조건으로 일어나는 것일까요? 앞서 해로운 마음이 서로 어떻게 연관되어 있는지에 대해 설명했던 것처럼 탐욕은 현상의 실상을 잘못 아는 어리석음을 조건으로 일어납니다.

어리석음은 사성제에 대한 무지를 말합니다. 다시 말해서 괴로움[苦]에 대한 무지, 괴로움의 일어남[集]에 대한 무지, 괴로움의 소멸[滅]에 대한 무지, 괴로움의 소멸로 인도하는 도 닦음[道]에 대한 무지를 말합니다.

예를 들어 세상의 모든 것은 조건을 의지하여 생겨난

것이므로 조건이 다하면 소멸하기 마련입니다. 그래서 세상의 모든 현상은 무상하고, 무상한 것은 불확실하고, 불완전하고, 불만스러우므로 괴로움의 속성이 있습니다. 무상하고 괴로움인 것은 내 마음대로 통제할 수 없으므로 내 것이라 할 수 없습니다. 이러함에도 영원하지 않은 것을 영원한 것이라고 잘못 아는 무지, 괴로움인 것을 행복이라고 잘못 아는 무지, 내 것 아닌 것을 내 것이라 잘못 아는 무지가 대표적인 어리석음입니다. 이런 어리석음이 있으면 현상에 집착하는 탐욕이 일어나는 것입니다.

또 탐욕, 성냄, 어리석음은 괴로움이 일어나게 하는 해로운 마음임에도 탐욕은 즐거움을 주는 마음이라고 잘못 아는 무지, 성냄을 분출하는 것이 행복이라고 잘못 아는 무지, 어리석음은 아무 문제가 없고 유익한 마음이라고 잘못 아는 무지 등도 어리석음입니다. 이런 어리석음이 있으면 탐욕, 성냄, 어리석음은 버릴 필요가 없을 뿐만 아니라 오히려 계발해야 한다고 집착하는 사견이 일어날 수 있습니다. 한편 탐욕이 없고, 성냄이 없고, 어리석음이 없는 마음은 괴로움의 소멸로 인도하는 유익한 마음임에도 탐욕이 없는 마음, 성냄이 없는 마음, 어리석음이 없는 마음은 삶에 아무런 도움이 되지 않는다고 잘못 아는 무지 등도 어리석음입니다. 이런 어리석음이 있으면 탐욕이 없고, 성냄이 없고, 어리석음이 없는 마음은 계발할 필요가 없을 뿐만 아니라 오히려 버려야 할 마음이라고 집착하는 사견이 일어나게 됩니다. 여기에서 사견도 탐욕을 뿌리로 하는 마음임을 상기하십시오.

그렇다면 탐욕은 어떻게 버릴 수 있을까요? 탐욕은 어리석음을 조건으로 일어나므로 어리석음을 버리면 즉시 버려집니다. 술을 예로 들어 보겠습니다. 음주를 좋아하는 사람은 술을 마시는 일이 행복이라 잘못 아는 어리석음으로 인해 술에 집착합니다. 하지만 술을 마시면 정신이 흐려지면서 지혜가 약해지고 판단력이 둔해집니다. 그래서 거짓말을 하거나 별다른 이유 없이 말다툼을 하기도 하고, 폭력을 써서 사람을 다치게도 하며, 도둑질이나 비도덕적인 성행위를 할 수도 있습니다. 이와 같은 그릇된 행위는 자신뿐만 아니라 타인에게도 큰 피해를 주므로 지혜로운 사람들에게 비난받고 심지어는 감옥에 갈 수도 있습니다. 또 술을 많이 마시면 건강이 나빠져서 알코올 중독, 간암 등의 병이 생길 수도 있고, 그로 인해 죽음에 이를 수도 있습니다. 이처럼 술을 마시는 일에는 아주 많은 위험과 고통이 도사리고 있으므로 음주는 행복이 아니라 괴로움입니다. 이렇게 술은 행복이 아니라 괴로움임을 분명히 꿰뚫어 알면 음주가 집착할만한 가치가 없음을 명확하게 통찰하게 되어 술에 대한 집착을 버릴 수 있습니다. 이같이 어리석음을 조건으로 탐욕이 일어나므로 어리석음이 사라지면 탐욕은 저절로 버려집니다.

어리석음을 버리면 화가 버려진다

앞서 살펴본 내용을 정리해 보면 어리석음을 조건으로 탐욕이 일어나고, 탐욕을 조건으로 화가 일어납니다. 그래서 지혜를 계발하면 어리석음이 버려지고, 어리석음이 버려지면 탐욕이 버려지고, 탐욕이 버려지면 화가 버려집니다. 따라서 어리석음이 있으면 화가 일어나고, 어리석음이 없으면 화가 버려집니다. 이에 대하여 한 남자 수행자의 이야기를 예로 들어 보겠습니다. 그는 어떤 모임에서 다른 사람이 주목받는 것을 보고 화가 났습니다. 그때 그는 화를 내는 자신을 알아차리고 '나는 왜 화가 나는 걸까? 나는 무엇을 집착하는가?' 하고 조사해 보았습니다. 그러자 자신에게 주목받기를 원하는 탐욕이 있었고, 그것이 충족되지 않아 화가 일어났음을 알았습니다. 그는 이 사실을 안 것만으로 화가 버려졌습니다. 하지만 더 나아가 그 탐욕 속에 어떤 어리석음이 숨어 있는지도 조사해 보았습니다. 그러자 그는 자신이 주목받고자 하는 탐욕에 '내가 있다'라는 어리석음이 숨어 있음을 통찰하게 되었습니다. 이때 존재는 조건에 의해 형성되었으므로 무상하고, 무상한 것은 나의 것, 나, 나의 자아가 아니라는 무아의 가르침이 기억났습니다. 그리고 이와 같은 무아의 지혜를 망각함으로써 '내가 있다'라고 잘못 아는 어리석음이 일어났고, 이런 어리석음 때문에 자신이 주목받고 싶다는 탐욕이 일어났으며, 그런 탐욕으로 인해 화가 났음을 이해했습니다. 이렇게 통찰하고 난 후 '내가 있다'라고 잘못 아는 어리석음이 사라졌고, 어리석음이 사라지니 탐욕과 더불어 화도 버려졌습니다.

이처럼 화와 다투지 않고, 화를 알아차려 그 원인을 조사함으로써 화에 대한 깊은 지혜가 생기면 화가 저절로 버려집니다. 이런 이유로 '화는 이해하면 버려진다'라고 말하는 것입니다.

이렇게 화를 지혜롭게 대처하면 화가 장애가 아니라 지

혜의 디딤돌이 될 수 있습니다. 이에 대하여 『대념처경大念處
經』이라는 불교 경전에는 다음과 같은 가르침이 나옵니다.

> "자기에게 악의가 있을 때 '내게 악의가 있다'라고
> 분명히 알고, 악의가 없을 때 '내게 악의가 없다'라
> 고 분명히 안다. 비구는 전에 없던 악의가 어떻게
> 일어나는지 분명히 알고, 일어난 악의를 어떻게 제
> 거하는지 분명히 알며, 어떻게 하면 제거한 악의가
> 앞으로 다시 일어나지 않는지 분명히 안다."

붓다의 가르침처럼 자신에게 악의 또는 화가 일어나면
'내게 화가 있다.'라고 분명히 알아야 하고, 화가 사라지면
'내게 화가 없다.'라고 분명히 알아야 합니다. 화가 일어날
때 화가 있다고 알아야 화를 버릴 수 있고, 화가 없는 마음을
분명히 알아야 그 마음을 유지할 수 있기 때문입니다. 또 이
전에 없던 화가 왜 일어나는지 원인도 분명히 알아야 합니
다. 화가 일어난 원인을 파악하면 위의 사례처럼 화를 좀 더
근원적으로 이해하고 버릴 수 있기 때문입니다. 또 화의 원
인을 명확히 이해하면 그 원인을 제거함으로써 화가 다시

일어나지 않도록 예방할 수 있습니다.

　이같이 화를 알아차리고, 화의 원인은 무엇인지, 어떻게 하면 화가 버려지는지 그 방법을 터득하고, 나아가 화가 다시는 일어나지 않게 하는 지혜를 터득하여 화를 예방하는 것이 화에 대한 올바른 대처법입니다. 이렇게 화에 올바르게 대처하는 지혜는 계발하지 않고 단지 화가 사라졌으면 좋겠다고 집착하는 일은 일종의 탐욕, 즉 존재하지 않음[非存在]에 대한 탐욕에 불과합니다. 실제로 화가 버려지게 하는 지혜로운 행위는 하지 않고 화가 버려지기만을 집착하는 일은 아무 이익이 없습니다. 왜냐하면 화가 사라지기를 집착하는 탐욕만으로는 화가 사라지지 않기 때문입니다. 더구나 화가 사라지기를 바라는 탐욕이 충족되지 않으면 또 다른 화도 생겨나므로 화가 버려지기는커녕 오히려 더 커지게 됩니다. 그래서 화에 올바르게 대처하는 일은 매우 중요합니다.

　특히 화의 원인을 이해하는 일은 아주 유익합니다. 화의 원인을 분명히 통찰하지 못하고 화를 억누른 채 참기만 한다면 오히려 화를 더 키울 수 있습니다. 마치 몸에 통증이 있을 때 진통제만 복용하고 그 통증의 원인을 치료하지 않으면 병을 계속 키우게 되는 것과 같습니다. 하지만 화의 원인을 분명히 통찰한다면 화의 원인을 버림으로써 화를 근원적으로 버릴 수 있습니다.

화의 원인을 조사할 때 한 가지 주의할 점은 화가 일어났을 경우 화가 가라앉아 마음이 고요해진 상태에서 그 원인을 조사해야 한다는 것입니다. 화가 난 상태에서 원인을 찾으려 하면 마음이 이미 화에 압도되어 있어 바른 원인을 찾기 어렵고 오히려 화가 더 커질 수 있습니다.

화를 알아차려야 버릴 수 있다

화를 버리기 위한 첫걸음은 우선 자신에게 화가 일어났음을 자각하는 것입니다. 지금 자신이 화를 내고 있는지 모르면 화를 버릴 수 없는 건 당연한 일입니다. 화를 낼 때 자신이 화를 내고 있음을 알아차려야 화에 대처하는 올바른 방법을 찾을 수 있습니다. 앞으로 설명할 모든 방법도 화를 알아차리는 것이 선행된 이후에 가능한 방법들입니다. 화가 일어나도 화가 일어난 줄 모르는 것은 어리석음입니다. 이런 어리석음이 있는 사람은 자신에게 화가 일어난 것조차 모르므로 화에 압도되어 화를 낼 뿐, 화를 버릴 수가 없습니다. 그래서 화를 버리기 위해서는 우선 화가 일어난 것을 알아차려야 합니다.

그러면 화가 일어난 것을 알아차리기만 하면 화는 바로 사라지는 것일까요? 어떤 사람은 '화를 알아차리면 즉시 사라진다'는 말을 듣고서 나는 화를 알아차리는 데도 왜 화가 없어지지 않느냐고 질문하기도 합니다. 하지만 이 말은 어떤 면에서는 사실이지만 항상 옳지는 않습니다. 화가 일어난 즉시 알아차리면 알아차리자마자 버려질 수도 있지만, 화가 이미 한참 진행된 상태라면 알아차린다고 해서 즉시 버려지지 않습니다. 화가 진행되어 화의 세력이 이미 강해져 있으므로 화가 버려지는 데는 노력이 필요하고 시간이 걸릴 수밖에 없습니다. 화가 버려지는 시간은 화의 강도와 지혜의 정도에 따라 다르기 때문입니다. 마치 불씨가 일어나는 순간에는 끄기 쉽지만, 불이 붙어 불길이 활활 솟아오르면 쉽게 끌 수 없는 것처럼. 혹은 마치 물의 양이 많을수록 불은 쉽게 꺼지지만, 물의 양이 적으면 불은 쉽게 꺼지지 않는 것처럼. 따라서 화가 진행되기 전에 빨리 화를 알아차려서 지혜롭게 대처해야 화를 쉽게 버릴 수 있습니다. 그렇지 않으면 화가 강력해져서 화를 버리는 데 수많은 노력과 시간이 필요할 수밖에 없습니다.

화를 알아차릴 때 주의할 것은 지혜롭게 마음을 기울여야 한다는 것입니다. 화가 일어났을 때 어떻게 마음을 기울이느냐에 따라 화가 버려지기도 하고 화가 커지기도 합니다. 화가 일어났을 때 화에 어리석게 주의를 기울이면 화가 더 커지게 됩니다. 예를 들어 많은 사람은 화가 날 때 대상을 탓합니다. 남편 때문에, 직장 상사 때문에, 세상의 부조리 때문에 화가 난다고 생각합니다. 물론 대상도 화가 일어나는 원인인 것은 맞지만 똑같은 대상이 있어도 화를 내는 사람이 있고, 화를 내지 않는 사람이 있습니다. 이러한 점을 보면 전적으로 대상 때문에 화가 일어난다고 할 수는 없습니다. 그럼에도 대상만을 탓하는 것은 어리석기 때문입니다. 화가 났을 때 어리석게 주의를 기울이면 대상 탓만 하면서 상대의 결점만 찾기 때문에 화는 멈추지 않고 계속해서 커집니다. 그러면 화에 완전히 압도되어 지혜가 사라지게 되고, 결국 화를 제어하지 못해 큰 악행을 저지를 수 있습니다.

반면 화가 일어났을 때 대상 때문에 화가 일어나는 것이 아니라 대상을 조건으로 내 마음에서 화가 일어난다고 지혜롭게 주의를 기울이면 화를 버릴 수 있습니다. 화에 대하여 지혜롭게 마음을 기울이면 대상을 탓하면서 화에 휩쓸리지 않고 내 마음에서 '화가 일어나는구나.'라고 화를 알아차릴 수 있게 됩니다. 이렇게 화를 객관화하여 알아차리면 화에 제동이 걸리는 것과 같아서 화가 멈추어질 수 있습니다. 마치 달리는 자동차에서 브레이크를 밟는 것처럼. 더구나 화를 알아차림으로써 화의 속성을 분명히 꿰뚫어 알게 되어 화를 통찰하는 지혜가 계발됩니다. 그러면 이때 계발된 지혜의 힘으로 화를 버릴 수 있습니다. 이처럼 화가 일어났을 때 화에 대하여 어리석게 주의를 기울이면 화가 지혜를 계발하는 걸림돌이 되고, 지혜롭게 주의를 기울인다면 화가 지혜를 계발하는 디딤돌이 됩니다.

화를 버린 뒤에 판단하고 행동하라

'화는 위험하니 버려야 한다'는 가르침을 들었을 때 어떤 사람은 '화가 났을 때 무조건 화를 참기만 해야 하는가?', '화를 참기만 하면 상대가 나를 무시하는 것 아니냐?', '부조리한 것을 참기만 하면 세상을 어떻게 바꾸는가?' 등의 질문을 합니다. 이것들은 어떻게 보면 당연한 질문입니다. 하지만 한 걸음 더 나아가 생각해 보면 화를 버리라는 말은 무조건 참고 아무것도 하지 말라는 의미가 아닙니다. 화가 난 상태에서 말을 하거나 행동을 하거나 판단을 하면 자신에게도 무척 해롭고 하고자 하는 일도 망치기 쉽습니다. 그러므로 화가 났을 때는 모든 일을 잠시 멈추고 화를 가라앉혀서 마음이 고요하고 평온해졌을 때 판단하고, 말하고, 행동하라는 의미입니다.

화가 났을 때는 마음의 균형이 무너져서 어리석어지므로 올바른 판단을 내리기 어렵습니다. 그래서 이때 말하고 행동하게 되면 잘못된 판단으로 인해 큰 실수를 하거나 상황을 훨씬 더 나쁘게 만들 수 있습니다. 그래서 화가 났을 때는 먼저 화를 가라앉히는 지혜를 발휘하여 화를 버리도록 노력해야 합니다. 그런 다음 화가 버려져서 마음의 균형이 잡히고 마음이 평온해졌을 때 비로소 지혜롭게 판단할 수 있습니다. 이런 지혜로운 판단을 기반으로 말하고 행동한다면 상황을 현재보다 더 좋게 만들 뿐만 아니라 조건이 성숙하면 원하는 결과를 이루어낼 수 있습니다. 이처럼 화가 났을 때는 일단 잠시 멈추고 지혜를 발휘하여 화를 버린 후에 판단하고, 말하고, 행동하는 것이 바람직합니다.

예를 들어 화가 많이 난 마음 상태에서 부모가 자식에게 훈계한다면 오히려 거부감과 상처를 주는 경우가 더 많습니다. 왜냐하면 화가 난 마음 상태에서는 부모가 지혜롭게 대처하지 못하고 거칠고 험한 말로 자식을 훈계할 수 있기 때문입니다. 따라서 부모가 화가 났을 때는 자식에게 훈계하지 말고 기다려야 합니다. 그런 다음 화가 사라지고 마음이 차분해진 후에 부드럽고, 지혜로운 말로 자애롭게 훈계해야 합니다. 그러면 자식도 거부감 없이 훈계를 받아들일 수 있으므로 그 효과도 훨씬 좋게 나타날 것입니다. 이러한 상황을 '화는 위험하니 버려야 한다'는 말에 빗대어 생각한다면, 부모는 자식에게 훈계해선 안 된다는 것이 아니라 화가 없는 자애의 마음으로 지혜롭게 훈계해야 한다는 의미입니다.

02

화의 해로움과
자애의 유익함을
통찰하라

화의 해로움을 통찰하면 화가 버려진다

화를 버릴 때 가장 중요한 지혜 중 하나는 화의 해로움을 통찰하는 것입니다. 화의 해로움을 분명히 통찰하면 화가 저절로 버려지기 때문입니다. 마치 독약이 위험하다고 분명히 아는 사람은 절대 독약을 먹지 않고 멀리하는 것처럼. 그래서 화의 해로움 또는 위험을 이해하는 지혜는 아주 중요합니다. 그러면 화에는 어떤 해로움이 있는지 자세히 살펴보겠습니다.

첫째, 화는 자신뿐 아니라 남을 괴롭게 합니다.

화는 가장 먼저 자기 자신을 괴롭게 합니다. 화가 일어날 때는 항상 정신적인 고통이 동반되기 때문입니다. 이런 정신적인 고통은 시간이나 장소에 구애받지 않고 어디를 가든 따라다니면서 괴롭힙니다. 그래서 화를 내면 남보다 자기 자신 먼저 고통을 받게 됩니다.

더구나 화가 누적되고 쌓이다 보면 화를 내는 마음의 성향이 자리를 잡게 됩니다. 그래서 처음에는 짜증, 우울, 공포, 불안 등으로 표출되지만, 이들이 반복되어 마음에 자리를 잡으면 극심한 분노, 우울증, 공포증, 공황장애 등의 병적인 장애가 됩니다. 더 나아가 이런 마음의 병이 심해지면 자살과 같은 극단적인 상황으로 이어질 수 있습니다.

화는 마음의 병뿐만 아니라 육체에 병을 일으키기도 합니다. 현대 의학에서는 화의 한 형태인 스트레스를 만병의 원인이라고 말합니다. 예를 들어 마음속의 화나 울분을 억지로 참아서 생긴 병이 울화병입니다. 울화병이 생기면 마음이 괴로울 뿐 아니라 신체적으로도 통증, 피로, 불면증 등의 병적인 증세가 동반됩니다. 그래서 일상생활에서 큰 고통을 겪게 됩니다. 이와 같은 울화병뿐만 아니라 화는 많은 육체적 질병을 유발합니다.

이처럼 화는 자신의 몸과 마음을 병들게 하여 자신을 고통스럽게 하는 매우 위험한 마음 상태입니다.

그런데 화는 남도 괴롭게 만듭니다. 자신의 화를 제어하지 못하면 남에게 폭언 등으로 상처를 주기도 하고, 악의를 가지고 사람들을 이간질하기도 합니다. 또 상대에게 신체적인 폭력을 가하여 상해를 입히기도 하고, 심지어 남을 죽이기도 합니다. 더 나아가 화가 극심한 지경에 이르게 되면 불특정 다수에 대한 무분별한 폭력이나 살인, 테러 등의 범죄를 저지르기도 합니다.

실제로 요즈음 뉴스에서 층간소음 문제라든가 단순히 기분 나쁘게 쳐다봤다는 등 자기 마음에 들지 않는다고 해서 타인에게 상해를 입히거나 살인을 했다는 이야기를 종종 듣습니다. 화로 인해 자신의 부모, 형제, 친척을 살해하는 더 끔찍한 경우도 있습니다.

이처럼 화는 자신뿐 아니라 타인도 고통스럽게 만드는 매우 위험한 마음 상태입니다. 붓다께서도 "성냄에 물들고 성냄에 사로잡히고 성냄에 얼이 빠진 자는 자기를 해치는 생각을 하고 타인을 해치는 생각을 하고 둘 모두를 해치는 생각을 한다."라고 말씀하셨습니다. 그래서 화는 자신과 남을 괴롭게 하는 매우 위험한 마음 상태임을 명확히 이해하고, 화를 멀리하고 버리기 위해 열심히 노력해야 합니다.

둘째, 화는 오랜 공덕을 한순간에 무너뜨립니다.

화는 오랜 세월 쌓아 온 공덕을 무너뜨릴 수 있습니다. 화를 뜻하는 빨리어 도사dosa의 동사가 '타락시키다', '나쁘게 하다'라는 뜻의 둣사띠dussati라는 것에서 알 수 있듯 화는 몇십 년 쌓은 공덕을 단숨에 사라지게 만들어 삶이 현재 상태보다 훨씬 더 나빠지게 할 수 있는 위험한 마음입니다.

실제 순간적으로 일어난 큰 화로 인해 삶이 송두리째 무너진 사람들을 많이 볼 수 있습니다. 예를 들어 사회적인 덕망이 있었던 사람이 순간적으로 일어나는 화를 참지 못하여 상대에게 폭력을 행사함으로써 좋던 이미지가 한순간에 추락하는 일이 있습니다. 또 아주 좋은 친구였던 사람들이 화가 나 서로에게 심한 욕을 하고 심지어 주먹질도 하며 다툼으로써 원수 사이가 되는 일도 있습니다.

더 심하게는 술자리에서 사소한 문제로 화가 나 싸우다가 화를 주체하지 못하여 상대에게 매우 심한 폭력을 가해 그 사람을 죽이는 일도 있습니다. 그로 인해 평범한 사람이 한순간에 살인자가 되기도 합니다. 이외에도 사람들이 순간의 화를 참지 못함으로써 오랜 시간 쌓아온 좋은 이미지가 순식간에 추락해 큰 낭패를 보는 것을 어렵지 않게 찾아볼 수 있습니다.

이처럼 화는 사람들이 오랜 세월 쌓아 온 공덕을 한순간에 사라지게 하여 삶을 송두리째 무너뜨릴 수 있는 위험한 마음입니다. 이를 분명히 이해한 수행자는 화를 멀리하여 버리게 될 것입니다.

셋째, 화를 잘 내는 사람은 인간관계가 나빠집니다.

세상을 살아갈 때 원만한 인간관계는 아주 중요합니다. 그런데 화가 많은 사람은 마음에 악의가 많아지므로 말과 행동도 거칠어집니다. 말을 할 때 욕설, 비방 등과 같은 거친 표현을 쓰기도 하고, 남을 괴롭히기 위해서 거짓말을 하기도 하며, 사람들 사이를 갈라놓기도 합니다. 이런 말들로 인해 주변 사람들에게 많은 상처와 피해를 줍니다. 또 행동할 때도 거칠고 난폭하므로 주변 사람들을 불편하게 만들고, 폭력을 써서 남에게 상해를 입히기도 하며, 극단적으로는 사람을 죽이기도 합니다. 그래서 사람들은 화가 많은 사람을 싫어하여 멀리하게 됩니다. 심지어 동물조차도 화가 많은 사람을 좋아하지 않습니다. 아무리 동물이라도 화가 많은 사람에게서 나타나는 거칠고 악의적인 태도를 느낄 수 있기 때문입니다.

또 화가 많은 사람은 얼굴이 자주 찡그러지고 일그러 지기 때문에 인상이 나빠집니다. 인상이 나빠지면 사람들 과 만날 때 타인에게 나쁜 선입견을 주게 되므로 인간관계 에 좋지 않은 영향을 미치게 됩니다. 실제로 사람들이 서로 처음 만났을 때 좋은 관계가 될지 나쁜 관계가 될지는 상대 의 첫인상을 통해 거의 결정이 된다고 합니다. 이렇게 사람 의 인상은 좋은 관계를 맺는 일에 매우 중요한 역할을 하게 되므로 인상이 나쁜 사람은 인간관계 형성에 많은 불이익을 경험하게 됩니다. 이처럼 화가 많은 사람은 인간관계가 나 빠지는 해로움이 있음을 분명히 이해하면 화를 버릴 수 있 습니다.

넷째, 화가 많으면 잠을 잘 이루지 못합니다.

사람들은 잠을 잘 자야 몸의 피로도 회복되고 마음도 맑아집니다. 그런데 요즈음 많은 사람들이 불면증으로 인 해 고통을 겪고 있습니다. 이와 같은 불면증을 겪는 가장 큰 이유 중의 하나는 생각이 많기 때문입니다. 특히 화가 난 마 음은 분노와 미움, 적의, 불안 등으로 인해 생각이 미친 듯이 움직이므로 쉽게 잠들지 못하는 것입니다. 또 겨우 잠들게 되더라도 화로 인한 생각의 잔상이 남아 잠을 자는 동안 악몽을 많이 꾸게 되므로 숙면에 들기 어렵습니다. 그래서 잠을 자도 피로가 풀리지 않아 몸이 불편하고 마음도 편하지 않은 것입니다. 이처럼 화가 많으면 잠을 잘 이루지 못하는 해로움이 있음을 분명히 이해하면 화를 버릴 수 있습니다.

다섯째, 화가 있으면 세 번 괴롭습니다.

붓다께서는 『어리석은 자와 현명한 자 경』에서 몸과 말로써 해로운 행위를 한 어리석은 사람은 세 번 괴로움을 겪는다고 설하셨습니다.

특히 화난 마음으로 나쁜 행위를 한 사람은 어떤 괴로움을 겪게 되는지에 대해 경전의 내용에 빗대어 살펴보겠습니다.

화가 많은 어리석은 사람은 화를 기반으로 나쁜 말을 하고, 나쁜 행위를 하게 됩니다. 이와 같은 나쁜 말과 나쁜 행위를 한 사람은 '지금 여기'에서 세 번의 괴로움을 겪습니다.

여러 사람들이 모여 화로 인한 나쁜 말과 나쁜 행위에 관해 대화를 나눈다고 합시다. 사람들은 '화가 많은 사람은 그 화로 인하여 욕설, 거짓말, 이간질 등의 나쁜 말을 하고, 살생, 도둑질, 삿된 음행 등의 나쁜 행위를 합니다.'라고 말합니다. 그때 화가 많은 사람은 자신 안에 그와 같은 화로 인한 나쁜 행위가 내재해 있음을 발견하고는 '나도 화로 인하여 욕설, 거짓말, 이간질 등의 나쁜 말을 하고, 살생, 도둑질, 삿된 음행 등의 나쁜 행위를 한다.'라고 생각하며 정신적 고통을 겪습니다. 이렇게 일상생활 속에서 받게 되는 양심의 가책이 화가 많은 사람이 겪는 첫 번째 괴로움입니다.

더 나아가 다른 사람이 화로 인해 범죄를 저질러서 괴로움을 겪는 것을 보게 됩니다. 다시 말해 타인의 명예를 심각하게 훼손하는 욕설을 하거나 타인에게 폭력을 휘둘러 상해를 입히거나 타인을 살해하는 등의 범죄 행위를 저지른 누군가가 세상 사람들의 비난을 받고, 감옥에 갇혀 자유를 누리지 못하는 등 정상적인 삶이 파괴되며, 오랜 시간 고통받는 것을 봅니다. 더욱이 사형을 당하는 경우도 보게 됩니다.

이때 화가 많은 사람은 자신 안에도 그 사람이 저지른 것과 같은 화로 인한 나쁜 행위가 내재해 있음을 발견합니다. 그러고는 '나도 많은 사람의 비난을 받고, 감옥에 갇히는 등 정상적인 삶이 파괴되며, 사형을 당할 수도 있다.'라고 생각하면서 정신적 고통을 겪게 됩니다. 이렇게 타인이 저지른 악업의 결과를 보고 자신이 지은 악업의 결과에 대한 두려움이 생기는 것이 화가 많은 사람이 겪는 두 번째 괴로움입니다.

또한 화가 많은 사람이 조용히 앉아 있거나 침대에 누워 있거나 편히 쉬고 있을 때 자신이 화로 인해 지은 나쁜 말과 행위가 불현듯 떠올라 그의 마음을 뒤덮을 것입니다. 이때 그는 '그동안 나는 유익한 행위를 하지 않고 화로 인해 나쁜 말과 행위만 일삼아 왔다. 그래서 내가 죽으면 나쁜 말과 행위를 하고, 잔인한 말과 행위를 한 자들이 가는 곳인 지옥이나 축생 등의 악처에 태어날 것이다.'라고 걱정하고 불안해하고 괴로워하면서 가슴을 치게 될 것입니다. 이렇게 죽음 후에 자신의 악업에 의해 악처에 태어날 가능성에 대한 두려움이 생기는 것이 화가 많은 사람이 겪는 세 번째 괴로움입니다.

이와 같이 화로 인한 괴로움은 한 번으로 끝나지 않고 여러 번 유발되는 아주 해로운 마음임을 분명히 이해하면 화를 버릴 수 있습니다.

끝으로 화는 지혜를 사라지게 합니다.

화는 대상을 싫어하는 마음이므로 대상의 나쁜 면을 주로 보게 되어 마음의 균형이 깨지게 됩니다. 그러면 마음이 불안정해지고 어지럽고 산만해지므로 자신이 처한 상황을 냉정하게 파악하여 지혜롭고 바른 판단을 내리는 일이 불가능합니다. 왜냐하면 지혜는 안정되고 고요하고 집중된 마음을 기반으로 생겨나기 때문입니다. 그로 인해 자신이 하는 행동이 어떤 결과를 초래할지에 대하여 전혀 고려하지 않고 어리석게 감정적으로 행동하여 욕설, 비난, 폭행, 살생 등의 나쁜 행위들을 서슴없이 행하게 됩니다. 그리고 이렇게 나쁜 행위들을 저지른 후에야 비로소 '그때 내가 왜 그랬을까?' 하고 후회합니다.

이처럼 화는 마음의 균형을 깨트려 마음을 불안정하게 하고, 어지럽게 하며, 산만하게 해 지혜가 사라지게 합니다. 더욱이 지혜를 통해서 해로운 마음을 버리고 괴로움도 소멸할 수 있으므로 지혜가 없으면 괴로움을 소멸할 수 없습니다. 그래서 붓다께서는 화는 어리석음을 생기게 하고, 지혜를 사라지게 하고, 곤혹스러움에 빠지게 하고, 궁극적으로는 괴로움의 소멸로 이끌지 못한다고 설하신 것입니다.

지금까지 여러 측면에서 살펴보았듯이 화는 참으로 해롭고 백해무익한 마음입니다. 이와 같은 화의 해로움을 분명히 통찰하면 화를 멀리하고 버릴 수 있습니다. 이처럼 화가 해로운 마음임을 꿰뚫어 아는 지혜는 불교의 정수인 사성제 중에서 집성제, 즉 괴로움의 일어남의 성스러운 진리를 통찰하는 지혜입니다. 앞서 간단히 설명했지만, 집성제는 '탐욕, 성냄, 어리석음을 조건으로 괴로움이 일어나므로 탐욕, 성냄, 어리석음은 해롭고 버려야 할 마음'이라고 천명한 진리이기 때문입니다. 그러므로 화가 해롭다는 것을 통찰하는 것은 네 가지 성스러운 진리의 지혜 중 한 가지일 정도로 매우 중요하고 심오한 지혜라는 점에 주목할 필요가 있습니다.

화가 버려지면 고귀한 마음이 생긴다

화는 대상을 싫어하는 마음이므로 화가 사라지면 대상을 싫어하지 않고 우호적으로 대하는 마음인 성냄 없음이 드러납니다. 성냄이 없는, 즉 화가 없는 마음은 사물, 세상 등과 같은 무정無情이나 인간, 동물, 천신 등의 유정有情 등 모든 대상에 대하여 우호적인 마음을 뜻합니다.

　이와 같은 화가 없는 마음이 특히 생명이 있는 존재에

대하여 작용할 때는 자애[慈]라고 합니다. 그래서 자애는 존재들에게 화를 내지 않고 모든 생명체가 행복하고 안락하기를 바라는 마음을 의미합니다. 자애의 마음은 항상 자신과 똑같이 다른 존재들도 행복하기를 바라므로 설사 다른 존재가 나를 힘들게 하더라도 그들을 원망하거나 다투지 않는 마음입니다. 그래서 자애의 마음을 '다툼이 없는 마음'이라는 의미로 '무쟁無諍의 마음'이라 표현하기도 합니다.

자애는 두 가지, 즉 자신에 대한 자애와 다른 존재에 대한 자애로 나눌 수 있습니다. 자기 자신을 싫어하거나 자학하거나 괴롭히지 않고, 우호적으로 대하며 행복하기를 바라는 마음이 자신에 대한 자애입니다. 자신에 대한 자애는 자존감을 높이고 자신에 대한 불만, 후회 등에서 벗어나게 합니다. 한편 다른 존재를 고통스럽게 하거나 악의적으로 대하지 않고, 자신 이외의 존재가 행복하기를 바라는 마음이 다른 존재에 대한 자애입니다. 다시 말해서 사람뿐 아니라 동물, 곤충, 천신 등의 어떤 존재라도 차별 없이 경계를 허물어서 모든 존재가 행복하기를 원하는 마음입니다. 이처럼 자애는 자신을 포함하여 모든 존재가 행복하기를 원하는 마음입니다.

이러한 자애는 탐욕과 구분해야 합니다. 탐욕은 자신이 원하는 것을 이루고자 집착하는 이기적인 마음이라면 자애의 마음은 내가 행복하기를 바라는 것과 똑같이 상대도 행복하기를 바라는 이타적인 마음입니다. 그래서 자애로운 사람은 상대방이 진정으로 행복하기를 바랄 뿐 어떤 보상을 바라거나 자신이 원하는 방향으로 강요하지 않습니다. 예를 들면 남녀 간의 사랑에서도 이기적인 탐욕을 가진 사람은 상대에게 강하게 집착합니다. 그래서 그 사람을 자신이 원하는 방향으로 강요하며 자신의 욕심을 채우려고 합니다. 하지만 자애로운 사람은 상대를 구속하거나 강요하거나 보상을 바라지 않고 진정으로 상대가 행복하기를 원할 뿐입니다. 이처럼 자애와 탐욕을 혼동하지 말고 잘 구분해야 합니다.

자애와 더불어 연민[悲], 함께 기뻐함[喜], 평온[捨]도 화가 없는 마음입니다. 이 네 가지는 사람들의 삶을 원만하고 부드럽게 해 주는 수준 높은 마음이므로 고귀한 마음이라고 합니다.

자애가 존재들이 행복하기를 바라는 마음이라면 연민은 한 걸음 더 나아가 존재들의 고통을 덜어 주고자 하는 마음입니다. 붓다께서도 모든 존재가 괴로움에서 벗어나기를 바라는 연민의 마음을 기반으로 괴로움을 소멸할 수 있는 구체적인 방법에 관해 설하신 것입니다. 연민도 두 가지, 즉 자신에 대한 연민과 다른 존재에 대한 연민으로 나눌 수 있습니다. 자신이 고통에서 벗어나기를 바라는 마음은 자신에 대한 연민이고, 다른 존재가 고통에서 벗어나기를 바라는 마음은 다른 존재에 대한 연민입니다. 이 고귀한 마음은 존재의 고통을 원하지 않는 마음이므로 존재를 향한 잔인함을 버리는 데 아주 효과적입니다.

연민은 성냄의 한 형태인 슬픔과 구분해야 합니다. 이 둘은 상대의 감정에 공감한다는 면에서 비슷합니다. 하지만 연민은 존재의 고통에 대해 동요하지 않고 평온한 마음을 기반으로 존재의 고통을 덜어 주고자 하는 유익한 마음이고, 슬픔은 다른 존재의 고통에 대하여 내 마음도 함께 휩쓸려 버려서 함께 정신적 고통을 겪는 일종의 화입니다. 예를 들어 누군가가 큰 고통을 겪고 있을 때 그 감정에 동조하여 함께 울면서 슬픔에 휩쓸리는 것은 화의 한 형태이지 연민은 아닙니다. 연민은 자기 마음이 동요하지 않고 평온한 상태에서 고통에 처한 사람에게 가장 필요한 것이 무엇인지 지혜롭게 살펴 그 상황에 적절히 도움을 줄 수 있는 마음을 의미합니다. 이러한 연민은 앞서 설명한 자애와 합쳐 '자비 慈悲'라고 합니다.

함께 기뻐함은 남이 잘되거나 성공한 일에 대해서 진심으로 기뻐해 주는 마음입니다. 함께 기뻐함은 질투심을 버리는 데 아주 효과적입니다. 질투는 '사촌이 땅을 사면 배가 아프다'라는 흔한 속담처럼 남이 잘된 것에 샘을 내는 것이지만, 함께 기뻐함은 다른 사람의 성공을 진심으로 같이 기뻐해 주는 것이기 때문입니다. 미얀마에서는 누군가가 선한 행위를 했거나 좋은 일이 있으면 항상 '사-두, 사-두, 사-두' 하고 세 번 말해 줍니다. 사-두sādhu는 '잘했다', '훌륭하다'라는 의미로『금강경』에 나오는 '선재善哉'와 같은 뜻입니다. 이것은 아주 간단하게 실천할 수 있는 유익한 마음입니다.

함께 기뻐함은 욕망으로 인해서 생긴 기쁨과 구분해야 합니다. 서로가 왁자지껄하게 웃고 떠들며 기뻐하는 일은 마음을 들뜨게 하고 욕망이 함께하므로 해로운 법입니다. 함께 기뻐함은 단지 상대의 성공에 대하여 동요 없는 마음으로 함께 기뻐하는 것을 말합니다.

끝으로 평온은 모자라거나 넘치지 않는, 중립의 특성이 있는 마음을 말합니다. 평온한 마음이 있으면 어떤 대상을 만나도 집착하거나 싫어하지 않고, 치우침이 없으며, 중립적으로 대처할 수 있습니다. 특히 존재에 대하여 평온한 마음이 있으면 존재를 치우침 없이 공평하게 볼 수 있습니다. 예를 들면 평온함은 자애와 연민, 함께 기뻐함을 실천했지만, 그것에 대해 '내가 했다.'라며 자만하거나 보상을 바라지 않고 한 걸음 물러선 중립적인 마음을 뜻합니다. 사실 선행은 다른 사람뿐 아니라 자신에게도 유익한 일이므로 남이 알아주지 않는다고 해서 선행의 결과가 사라지는 것이 아니라 결국에는 자신의 이익으로 돌아옵니다. 다시 말해서 자신이 지은 업의 결과는 자신이 받게 되어 있습니다. 이러한 지혜를 가지고 자신의 선행에 대하여 한 걸음 물러섬으로써 중립적으로 평온하게 바라볼 수 있습니다.

평온은 욕망으로 인한 무관심과 구분해야 합니다. 무관심은 자신의 편안함에 집착하여 존재에 대해 외면하고 관심을 기울이지 않으려 하는 마음이지만, 평온은 존재에 대하여 좋아하지도, 싫어하지도 않으면서 어느 쪽으로도 치우치지 않는 균형 잡힌 마음을 뜻합니다.

지금까지 살펴본 자애, 연민, 함께 기뻐함, 평온은 존재들의 마음을 숭고하게 하고 고귀하게 하므로 이들을 '네 가지 고귀한 마음' 또는 '사무량심四無量心'이라고 합니다.

　이 네 가지 고귀한 마음 또는 사무량심은 성냄, 즉 화가 없는 마음을 기반으로 서로 연관되어 일어납니다.

　먼저 생명이 있는 모든 존재가 행복하기를 바라는 마음인 '자애'가 있으면 주위에 고통받는 존재들이 고통으로부터 벗어나기를 바라고, 나아가 그 고통을 덜어 주고자 하는 마음인 '연민'이 생기게 됩니다.

　그 연민을 바탕으로 고통받고 있는 존재들의 괴로움을 덜어 주고자 노력을 기울임으로써 존재들이 고통에서 벗어나 만족스러워 하고 행복해할 때 '함께 기뻐함'이 생깁니다.

　이렇게 존재들과 함께 기뻐하는 마음이 생긴 사람은 지혜롭게 마음을 기울여 '이것을 내가 했다.'라고 자만심을 일으키거나 보상을 바라지 않습니다. 오히려 '자신이 지은 업의 결과는 스스로 받는다.', '스스로 선한 업과 공덕을 지은 것이다.'라고 숙고하며 자신의 공덕에 대해 집착하거나 싫어하지 않음으로써 '평온'한 마음이 생깁니다.

　이러한 식으로 네 가지 고귀한 마음, 즉 자애와 연민, 함께 기뻐함, 평온은 서로 연결되어 있습니다.

고귀한 마음을 조건으로 지혜가 생긴다

사람들은 "화가 날 때 화를 내지 않으면 손해 보는 것 아니냐."고 말하기도 합니다. 화를 내지 말라는 말이 '어떤 경우에도 무조건 참고 아무것도 하지 말라'는 의미가 아닙니다. 실제 붓다께서도 제자가 어리석은 잘못을 할 때는 엄하게 꾸짖었던 일이 많았습니다. 관련된 경전 속 일화를 보면 붓다께서도 제자의 잘못을 무조건 내버려 두고 참고만 있지 않았음을 알 수 있습니다. 붓다께서는 제자에게 큰 자애와 연민의 마음을 가지고 지혜롭고 따끔하게 잘못을 지적하여 제자 스스로 허물을 고치도록 가르쳤던 것입니다.

이처럼 화를 내지 말라는 말은 무조건 참고 아무것도 하지 말라는 뜻이 아닙니다. 오히려 화를 내면서 어떤 일에 대처하면 올바른 판단을 할 수 없어 일이 더 꼬이고 나빠질 뿐이므로 화를 버린 후에 화가 없는 마음을 기반으로 지혜롭게 대처하라는 뜻입니다.

앞서 설명했듯이 화가 없는 마음을 기반으로 자애, 연민, 함께 기뻐함, 평온의 네 가지 고귀한 마음이 일어납니다. 이런 고귀한 마음이 생겨나면 마음이 고요하고 행복해집니다. 행복한 마음은 삼매에 쉽게 들 수 있습니다. 삼매는 좋아하거나 싫어하는 마음이 없는 고요하고 집중된 마음이므로 삼매에 든 사람은 상황을 편견이 없이 있는 그대로 통찰할수 있습니다. 이처럼 화가 버려져서 자애 등의 고귀한 마음이 생기면 상황을 객관적으로 통찰하는 지혜가 생겨 상황을 잘 판단할 수 있고 문제에 슬기롭게 대처할 수 있습니다. 이러한 이유로 화가 났을 때는 일단 멈추고, 화를 버린 후에 문제에 대처하라는 것입니다.

예를 들어 사람들은 누군가가 잘못을 했을 때 그 사람에게 화를 내면서 잘못을 지적해야 자신을 우습게 보지 않고 자기 말을 잘 듣는다고 생각합니다. 하지만 실제 화를 내면서 말을 하면 상대는 오히려 거부감과 반발심을 가지게 되어 충고나 조언을 잘 받아들이지 않습니다. 반면 화를 버린 후에 자애와 연민 등의 따뜻한 마음을 가지고 지혜롭게 잘못을 지적하면 그 사람은 오히려 신뢰감을 느끼고 충고나 조언에 더 귀 기울이게 됩니다. 그리하여 충고나 조언을 잘 수용할 뿐 아니라 자신에게 유익한 조언을 해 준 것에 대하여 고맙게 생각할 것입니다. 더욱이 사람들은 화를 내면서 자신이 생각하는 것을 강요하는 사람을 겉으로는 두려워할지 몰라도 속으로는 싫어하고 멀리하려 합니다. 하지만 화를 내지 않고, 자애롭고 평온한 마음으로 자신이 생각하는 바를 지혜롭게 전하는 사람은 다른 사람들이 진심으로 좋아하고 가까이하려 할 것입니다.

이처럼 화가 있는 마음은 지혜가 사라지게 하지만, 자애와 연민, 함께 기뻐함, 평온의 마음은 지혜를 생기게 합니다.

역으로 지혜를 기반으로 네 가지 고귀한 마음이 생긴다는 사실도 알아야 합니다. 붓다께서는 '세상의 모든 것은 조건을 의지해서 일어난다.'라는 연기의 진리를 설하셨습니다. 다시 말해서 이 세상에는 독립적으로 존재하는 것은 없고 서로 의지해서 생겨난다는 의미입니다. '나'라는 존재도 그물망처럼 얽힌 인연 관계들 속에서 존재하는 것이지, '나'를 다른 존재들과 완전히 독립적으로 떼어 말하기는 어렵습니다. 결국 나의 행복은 남의 행복과 서로 의지하고 있고, 나의 괴로움도 남의 괴로움과 서로 의지하고 있다는 의미입니다. 이와 같은 연기의 지혜를 바탕으로 나와 남이 행복하고, 나와 남에게 유익한 마음, 즉 자애, 연민, 함께 기뻐함, 평온의 네 가지 고귀한 마음이 생겨나는 것입니다. 이처럼 자애 등의 고귀한 마음을 기반으로 지혜가 생기고, 지혜를 바탕으로 자애 등의 고귀한 마음이 생겨납니다.

자애의 유익함을 통찰하면 화가 버려진다

화를 버리는 지혜 중에서 대표적인 것은 앞서 설명한 화의 해로움을 통찰하는 것과 더불어 자애의 유익함을 통찰하는 것입니다. 그러면 자애의 유익함에 대하여 살펴보겠습니다.

첫째, 자애는 나와 남을 행복하게 합니다. 자애는 성냄과 함께 탐욕이 버려짐으로써 생긴 마음이므로 벗어남의 행복 또는 출리의 행복이라는 고귀하고 고요하고 안정적인 행복이 함께합니다. 그래서 자애가 생기면 가장 먼저 자신이 행복해집니다. 더구나 자애는 다른 존재가 행복하기를 바라는 마음이므로 자애가 생긴 사람은 다른 존재에게 해가 되지 않고 도움이 되는 행위를 하려고 합니다. 그러므로 자애의 마음은 다른 존재도 행복하게 합니다. 이처럼 자애의 마음은 나와 남을 행복하게 하는 유익한 마음임을 통찰하면 화를 버릴 수 있습니다.

둘째, 자애는 안색을 환하고 편안하게 만듭니다. 화가

많은 사람은 얼굴이 어둡고 불편함이 가득하지만, 자애를 많이 계발한 사람은 얼굴이 보름달처럼 환하고 편안하게 됩니다. 사람의 얼굴은 마음의 표현이기 때문에 보름달처럼 환하고 편안한 얼굴을 가진 사람은 타인에게 좋은 인상을 주어 대인관계에도 큰 도움이 됩니다.

셋째, 잠을 편안하게 잘 수 있습니다. 화가 가라앉고 자애가 생기면 거칠고 악의적인 생각들이 사라지고, 마음이 고요하며 편안하고 행복해지므로 쉽게 잠들 수 있습니다. 더구나 잠을 잘 때도 악몽을 꾸지 않고 잠에서 깨어날 때도 몸과 마음이 편안합니다. 스트레스와 같은 화로 인한 불면증에 시달리거나 쉽게 잠들지 못하는 사람들은 자애의 마음을 계발하면 편안하게 잠을 잘 수 있습니다. 이와 같은 자애의 이익을 통찰하면 화를 버릴 수 있습니다.

넷째, 자애가 많은 사람은 다른 존재들이 좋아합니다. 자애가 많은 사람은 이기적인 마음으로 자신의 이익만을 바라지 않고 항상 나와 남이 더불어 행복하기를 바라기 때문에 주변 사람들에게 유익함을 주는 행위를 합니다. 그래서 자애가 많은 사람은 주변 사람들이 좋아하고 인간관계도 원만해집니다. 더구나 인간뿐 아니라 동물이나 천신 등의 다른 존재들도 자애가 많은 사람을 좋아합니다. 옛 일화를 보면 자애의 마음이 많은 성자에게서는 악의가 전혀 느껴지지 않아 야생동물도 그분을 해치려 하지 않고 오히려 가까이했다고 합니다. 비록 동물이지만 자애가 많은 사람에게는 살의나 악의가 전혀 없다는 것을 느낄 수 있는 것입니다. 이와 같은 자애의 이익을 분명히 이해하면 화를 버릴 수 있습니다.

끝으로 자애를 바탕으로 지혜를 계발할 수 있습니다. 삼매는 고요하고 청정하고 집중된 마음을 말하는데 이러한 삼매에 드는 가장 중요한 조건은 행복입니다. 만약 어떤 수행 주제에 집중하여 삼매에 들고자 할 때 그 대상을 아는 마음이 불편하고 불만족스러우면 다른 대상으로 마음이 움직이게 되어 그 대상에 집중된 마음인 삼매에 들 수가 없습니다. 하지만 그 대상을 아는 마음이 행복하면 그 대상과 하나된 마음이 편안하고 고요하고 행복하므로 그것에 고요하게 집중된 마음인 삼매에 쉽게 들 수 있습니다. 그런데 자애가 많은 사람은 마음에 행복이 가득하므로 어떤 수행 주제에 집중하든 마음이 평온해집니다. 그래서 자애가 많은 사람은 쉽게 삼매에 들 수 있습니다.

삼매는 고요하고 청정하고 집중된 마음이므로 삼매를 바탕으로 현상을 관찰하면 그 현상을 좋아하거나 싫어함이 없고, 편견이 없고, 왜곡됨이 없이 현상의 실상을 있는 그대로 꿰뚫어 알 수 있습니다. 그래서 삼매는 지혜가 생기기 위한 가장 중요한 조건입니다. 그런데 자애가 많은 사람은 쉽게 삼매를 계발할 수 있으므로 결국 자애가 많은 사람은 삼매를 계발함으로써 지혜를 계발할 수 있습니다. 더 나아가 자애를 바탕으로 완전히 몰입된 삼매인 선정禪定을 계발하면 그것을 기반으로 탐욕, 성냄, 어리석음을 완전히 소멸하는 깨달음의 지혜도 계발할 수 있고, 괴로움을 소멸할 수도 있습니다.

이처럼 자애는 지혜가 생기게 하는 매우 유익한 마음임을 통찰하면 화를 버릴 수 있습니다.

지금까지 여러 가지 측면에서 자애의 유익함에 대해 살펴보았습니다. 이와 같은 자애의 유익함을 분명히 통찰하면 화를 버릴 수 있습니다.

자애의 유익함을 꿰뚫어 아는 지혜는 불교의 정수인 사성제 중에서 도성제, 즉 괴로움의 소멸로 인도하는 수행 방법의 성스러운 진리를 통찰하는 지혜입니다. 앞서 간단히 설명했지만, 도성제는 팔정도이고, 팔정도를 닦으면 탐욕 없음, 성냄 없음, 어리석음 없음이 계발되어 괴로움의 소멸로 인도하므로 탐욕 없음, 성냄 없음, 어리석음 없음은 유익하고 닦아야 할 마음이라고 천명한 진리이기 때문입니다. 그러므로 성냄이 없는 마음인 자애가 유익하다고 통찰하는 것은 네 가지 성스러운 진리의 지혜 중 한 가지일 정도로 매우 중요하고 심오한 지혜라는 점에 주목할 필요가 있습니다.

연민, 함께 기뻐함, 평온의 유익함을 통찰하라

자애를 제외한 나머지 고귀한 마음인 연민, 함께 기뻐함, 평온의 마음도 앞서 설명한 자애의 유익함을 대부분 지닙니다. 다만 연민과 함께 기뻐함, 평온의 마음은 각각의 고유한 특징이 있으므로 이에 대하여 알아두어야 할 필요가 있습니다.

연민은 존재가 고통받기를 원하지 않고 존재의 고통을 덜어 주고자 하는 마음입니다. 연민이 많은 사람은 화로 인해 자신이나 다른 존재에게 상처를 주거나 폭력을 행하거나 살생을 하는 등의 잔인한 행위를 하지 않고, 오히려 존재들의 괴로움을 이해하고 공감하여 그것을 덜어 주고자 노력합니다. 이렇게 연민의 마음은 화로 인해 생긴 잔인함을 버리는 데 매우 효과적인 마음입니다.

예를 들어 어떤 사람과 다투었을 때 화가 나면 그 사람이 고통받기를 바랄 수 있습니다. 하지만 관점을 전환하여 '저렇게 화를 내면 저 사람도 무척 괴로울 것이고, 화를 낸 것으로 인해 저 사람에게 나쁜 결과가 일어날 것이다.'라고 숙고하면서 '저 사람이 고통에서 벗어나기를!'이라고 연민의 마음을 일으킨다면 그 사람에 일어난 화가 버려질 수 있습니다. 더 나아가 아주 미운 사람에게 생긴 화는 잘 가라앉지 않습니다. 이런 경우 '세상의 모든 사람은 늙고 병들고 죽는 것을 피할 수 없으며, 윤회의 괴로움에서 벗어나지 못하는데 저 사람도 마찬가지이다.'와 같이 숙고하면서 '저 사람이 자신의 잘못을 참회하지 않으면 윤회하면서 악처에 태어나 큰 괴로움을 겪을 것이다. 저 사람이 진심으로 참회하여 괴로움에서 벗어나기를!'이라고 연민을 일으키면 화를 버릴 수 있습니다.

함께 기뻐함은 다른 존재의 성공, 번영, 행복을 함께 기뻐하는 마음입니다. 함께 기뻐하는 마음이 많은 사람은 다른 존재의 성공을 싫어하여 질투하지 않고 그들의 성공에 대하여 '참 좋은 일입니다.', '잘했습니다.', '훌륭합니다.'라고 말하면서 진심으로 함께 기뻐합니다. 그래서 함께 기뻐함은 남의 성공이나 번영을 싫어하는 질투를 버리는 데 매우 효과적인 마음입니다.

평온은 자애, 연민, 함께 기뻐함 등의 마음으로 선행을 했을지라도 그것에 대하여 생색을 내거나 보상을 바라지 않는 중립적인 마음입니다. 이렇게 평온한 마음을 가진 사람은 자신이 한 선행에 대하여 애착이 없으므로 다른 존재가 자신의 선행을 알아주지 않더라도 화를 내지 않습니다. 그래서 평온은 보상심리로 인해 생긴 적의, 악의, 화를 버리는 매우 효과적인 마음입니다.

이처럼 자애와 마찬가지로 연민, 함께 기뻐함, 평온의 유익함을 분명히 통찰하면 화를 버릴 수 있습니다.

03

화를
버리는
다양한 지혜

사람은 누구나 변할 수 있음을 이해하라

화는 크게 안의 대상과 밖의 대상, 즉 자신에 대한 화와 타인, 사물에 대한 화로 나눌 수 있습니다. 그런데 밖으로 화를 내는 경우는 쉽게 화라고 이해하지만 자기 자신에게 화를 내는 것은 화라고 이해하지 못하는 경우가 많습니다. 그러다 보니 자신에 대한 불만이나 화가 누적된 사람들이 꽤 많습니다. 실제 사람들을 만나서 대화를 해 보면 의외로 자존감보다 자기 자신에 대한 불만을 가진 경우가 더 많습니다. 자기 자신에 대한 화는 자존감을 떨어뜨려서 삶을 사는 데도 큰 장애로 작용할 뿐 아니라 수행의 향상에도 큰 장애가 됩니다. 자신에 대한 분노가 많은 사람은 마음이 경직되고 날카로워져서 타인에게도 화를 많이 내고, 타인이 진심으로 하는 충고를 받아들이지 못하며 오히려 저항하게 됩니다. 그래서 자신에 대한 화를 버린 후에 자기 자신과 자신이 처한 상황, 환경 등을 자애롭고 우호적으로 볼 수 있도록 마음의 태도를 바로잡아야 바른 수행이 가능합니다.

자신에 대한 화를 버리는 데는 존재의 불완전함을 이해하는 통찰이 아주 중요합니다. 사람들은 자기 자신이 완벽하기를 바라고 그렇지 못할 때 부족한 것이 많다고 불만을 가집니다. 하지만 사실 사람은 완벽할 수 없습니다. 붓다께서도 존재의 실상은 무상하고 괴로움이라고 설하셨는데 이것은 존재가 불완전하다는 의미를 내포하고 있습니다. 세상에 아무리 능력이 많고 행복한 존재라도 영원히 그렇지는 않습니다. 세상의 모든 것은 무상하므로 언젠가 능력도 사라지고 행복도 사라지기 마련입니다. 역으로 세상에 아무리 능력이 없고 괴로움이 많은 존재라도 영원히 그렇지는 않습니다. 이처럼 사람의 모습은 변하기 마련이므로 완벽한 상태란 있을 수 없습니다.

이와 같이 존재는 고정된 모습이 아니라 조건의 변화에 따라 계속 변하므로 불완전합니다. 이러한 사실을 명확히 통찰한 지혜로운 사람은 자신의 모습을 취사선택하지 않고 있는 그대로 받아들일 수 있습니다. 다시 말해서 지혜로운 사람은 자신의 업적, 풍족한 재산, 뛰어난 능력 그리고 자신의 주변 환경이 좋다고 해서 그것에 집착하고 좋아하며 자신이 우월하다고 여기는 자만에 빠지지 않습니다. 반대로 자신의 허물이나 잘못, 가난, 부족한 능력 그리고 자신의 주변 환경이 나쁘다고 해서 그것에 대해 불만을 느끼고 싫어하면서 자신이 열등하고 못났다고 자학하지 않습니다. 단지 자신의 모습을 있는 그대로 통찰한 후 자신에게 괴로움이 일어나게 하는 해로운 행위들은 버리려 노력하고, 괴로움을 소멸하게 하는 유익한 행위들은 닦기 위해 노력할 뿐입니다.

이렇게 존재의 불완전함을 통찰하면 자신의 부족한 면을 싫어하지 않고 자학하지 않는 데 큰 도움이 됩니다. 또한 자신을 싫어하고 자학하기보다 자신의 부족한 면을 보완하기 위해 노력함으로써 부족한 면을 극복하고 더 향상된 삶을 살 수 있습니다. 나아가 이러한 노력을 통해 궁극적으로 괴로움을 소멸하고 진정한 행복을 실현할 수도 있습니다.

법구경 주석서에는 자신의 허물을 철저히 참회하고 수

행으로 극복함으로써 괴로움에서 벗어난 사례가 있습니다. 붓다 당시에 뛰어난 바라문 수행자였던 앙굴리말라는 자신의 스승으로부터 천 명의 사람을 죽이면 가르침의 정수를 전해 주겠다는 사악한 지시를 받았습니다. 그래서 그는 그것을 이루기 위해 999명의 사람을 죽였습니다. 그러다 마지막으로 천 명을 채우기 위해 자신의 어머니를 죽일 상황에 이르게 되자 붓다께서 그의 앞에 나타나 그를 제도했습니다. 앙굴리말라는 한때 잔인한 살인자였지만 붓다를 만나자신의 잘못을 깨닫고 깊이 참회하였습니다. 그리고 붓다의 가르침에 따라 바른 수행을 하게 되어 결국 완전한 깨달음을 얻은 아라한이 됩니다.

만약 그가 붓다를 만나지 못했다면 수많은 사람을 죽인자책감으로 남은 삶을 괴로워했을 것이고, 자신의 악행에 대한 나쁜 결과가 나타나게 되어 매우 고통스럽게 살아야 했을 것입니다. 또한 다음 생에는 말할 것도 없이 지옥의 고통이 기다리고 있었을 것입니다. 하지만 이 세상에 변하지 않는 절대적인 악인은 없습니다. 앙굴리말라도 잘못된 스승을 만나 극악무도한 악행을 저지르게 되었지만, 최상의 스승인 붓다를 만나 아라한이 될 수 있었습니다. 아라한이 되면 모든 번뇌가 소멸하여 죽음 이후에는 다시 윤회하지 않기 때문에 모든 괴로움이 소멸하게 됩니다. 그러나 아무리 아라한이 되어도 그 생에는 자신이 지은 악한 행위의 결과를 받을 수밖에 없습니다. 앙굴리말라도 최고의 성자인 아라한이 되었지만, 그 생에 지은 악행으로 인해 탁발을 나갈 때마다 사람들이 살인자라며 돌을 던져 피투성이가 되어 돌아왔고, 결국 돌에 맞아 돌아가셨습니다. 악인도 자신의 허물을 참회하여 올바른 길로 들어설 수 있습니다. 하지만 그렇다고 해서 자신이 지은 악행의 결과를 피해갈 순 없다는 점을 분명히 알아야 합니다.

지나간 삶에 비록 잘못이 있었다 하더라도 그것에 대해 계속 후회하고, 자신에게 화를 내며 자학하거나 괴롭히지 말아야 합니다. 대신 그것을 진심으로 참회하고 유익한 행위를 많이 실천하는 것이 바람직합니다. 진심으로 참회하고 유익한 행위를 하는 것은 과거의 잘못에서 이미 벗어나기 시작한 것이나 마찬가지입니다. 자신이 어리석게 살았기 때문에 이런 고통을 겪게 되었다는 사실을 뼈저리게 이해해야 합니다. 진심으로 참회하고 유익한 행위를 실천하는 것 외에 괴로움에서 벗어나는 다른 방법은 없습니다. 자신이 지은 해로운 행위보다 훨씬 더 많은 유익한 행위를 실천하는 것이 자신의 해로운 행위를 극복하는 진정한 방법입니다. 앙굴리말라 같은 분도 만약 계속 그렇게 살았다면 그 생에서도 엄청난 고통을 겪었을 것이고, 죽어서는 지옥에 태어났을 것이며, 그 이후에도 세세생생 엄청난 고통을 겪었을 것입니다. 그런데 붓다와 같은 위대한 성자를 만나 잘못을 크게 참회하여 다시는 그런 악행을 하지 않았고, 목숨을 걸고 바른 수행을 하여 아라한이 되었으므로 구름에서 벗어난 달처럼 괴로움에서 벗어날 수 있었습니다. 법구경에 보면 다음과 같은 게송이 나옵니다.

지난날 저지른 악행을, 선행으로 덮는 사람
그가 세상을 비추네, 구름을 벗어난 달처럼

화를 이겨낸 지혜로운 이들의 이야기를 기억하라

붓다나 성인의 가르침 중에 좋은 가르침을 기억해 두었다가 화가 났을 때 그것을 기억하여 자신에게 적용해 보는 것도

화를 버리는 좋은 방법입니다. 불교의 경전 중『톱의 비유
경』에 다음과 같은 구절이 있습니다.

> 비구들이여, 만일 양쪽에 날이 달린 톱으로 도둑이
> 나 첩자가 사지를 마디마다 자른다고 하더라도 그
> 들에 대해 마음을 더럽힌다면 그는 나의 가르침을
> 따르는 자가 아니다.

이와 같은 가르침을 기억하면서 '붓다께서는 이러한 극
한 상황에서도 화를 내지 말라고 하셨는데 붓다의 제자로서
내가 겨우 이런 상황에서 화를 내서 되겠는가.' 하고 자기를
추스르고 경책하며 화를 다스릴 수 있습니다.

또 도저히 용서하기 힘든 상황에서도 화를 내지 않고
용서한 사람의 미담을 떠올리며 스스로 화를 다스릴 수 있
습니다. 법구경 주석서에 외도의 집으로 시집을 간 웃따라
라는 여인의 일화가 나옵니다. 웃따라는 붓다께 공양을 올
리고 싶었지만, 외도인 남편이 허락하지 않았습니다. 그래
서 시리마라는 당시 가장 아름다운 기녀를 고용해 보름 동
안 남편을 보살피게 하고, 그동안 붓다께 공양 올리는 것을

남편에게 허락받게 됩니다.

어느 날 남편은 창밖을 내다보다가 아내가 손수 땀 흘리며 붓다의 공양을 준비하느라 분주한 모습을 보고 한심해서 웃었습니다. 그런데 자신이 고용된 자라는 사실을 잊어버리고 마치 부인이 된 것처럼 착각한 시리마는 그 웃음을 오해하여 엄청난 질투심을 느꼈습니다. 결국에 시리마는 웃따라를 죽이겠다는 마음으로 펄펄 끓는 버터기름을 그녀에게 끼얹었습니다.

그러나 웃따라는 '이 여인은 나에게 커다란 도움을 주었다. 그녀의 도움으로 나는 붓다께 공양을 올리고 법문을 들을 기회를 얻었다. 내가 그녀에게 화를 낸다면 버터기름이 내 몸을 태울 것이고, 화를 내지 않는다면 태우지 않을 것이다.'라고 다짐하며 한량없는 자애의 마음으로 삼매에 들었습니다. 이때 들었던 삼매는 자애를 기반으로 한 삼매로서 이런 자애 삼매의 신비한 힘으로 인해 웃따라는 아무 해도 입지 않았다고 합니다. 그때 하인들이 몰려와 시리마를 발로 차고, 주먹으로 때려 바닥에 쓰러뜨렸지만, 웃따라는 오히려 시리마를 보호해 주고, 약을 발라 주며 용서해 주었습니다. 웃따라의 훌륭한 성품에 감동한 시리마는 진심으로 불교에 귀의했다고 합니다.

　보통 사람 같으면 그런 상황에 불같이 화를 내며 상대에게 큰 고통을 주어 복수하려고 했겠지만, 웃따라는 오히려 자비와 용서로 화를 극복하였습니다. 이와 같은 미담들을 기억해 두면 자신이 화가 났을 때 그것을 버리는 데 상당히 도움이 될 수 있습니다.

보시를 실천하거나 상대의 장점을 보라

화가 난 사람을 미워하지 않고 오히려 자애를 바탕으로 보시를 하는 것도 화를 버리는 좋은 방법 가운데 하나입니다. 옛 속담에 '미운 자식에게 떡 하나 더 준다'는 말이 있습니다. 이 속담처럼 미운 사람에게 자신이 소중하게 생각하는 물건이나 재물 등을 보시함으로써 화를 버리는 것입니다. 상대방에게 보시하고자 하는 마음을 일으키는 순간 자애심이 일어나 화가 누그러지고 상대방도 그 보시를 받아들임으로써 화가 가라앉을 수 있습니다.

　보시는 화의 원인인 욕망도 가라앉게 합니다. 욕망이

많은 사람은 인색하고 남에게 베푸는 일을 좋아하지 않습니다. 하지만 자신이 아끼는 것을 남에게 조금이라도 보시하는 일을 실천하다 보면 욕망이 빛바래면서 인색함도 희석됩니다. 자기가 정당하게 노력해서 얻은 것을 아무 대가 없이 베푸는 일은 이기적인 욕망과 인색함을 버리는 간단하고 강력한 방법입니다. 욕망을 조건으로 화가 일어나므로 이렇게 욕망이 버려지면 화도 저절로 버려집니다. 이처럼 보시를 실천하는 일은 화뿐만 아니라 욕망을 버리는 데 아주 좋은 방법입니다.

또한 보시를 실천하는 일은 자신에게 큰 복락과 좋은 일들이 생겨나게 합니다. 법구경 주석서에 보면 어느 가난한 부부의 이야기가 나옵니다. 이 부부는 하의는 각자 한 벌씩 있지만, 상의는 한 벌만 있을 정도로 매우 가난했습니다. 한 사람이 외출하면 한 사람은 상체는 벌거벗은 상태로 집에 있어야 했습니다. 그래서 붓다의 법문을 들으러 갈 때도 한 사람씩 교대로 가야 했습니다. 어느 날 남편이 붓다의 법문을 듣다가 큰 환희심이 일어나 한 벌만 있는 옷을 보시하고 싶은 생각이 들었습니다. 그런데 이 옷을 보시하고 나면 당장 입을 옷이 없을 뿐만 아니라 둘 다 상의 없이 벌거벗은 채로 외출을 할 수 없으니 난감하고 두려운 일이었습니다.

이처럼 두려움이라는 화에 압도되어 초저녁에 보시하려다 못하고, 밤에 보시하려다 못하다가, 마침내 새벽에 이르러서야 보시를 했습니다. '내가 이생에 이렇게 가난한 것은 과거 전생에 보시할 기회가 있었음에도 보시하지 않았기 때문이다. 붓다 같은 분을 만난 이때 공덕을 짓지 못한다면 언제 내가 공덕을 지을 수 있을까.'라고 지혜롭게 숙고한 뒤 용기를 내어 두려움을 극복하고 자신의 전 재산과 같은 한 벌의 옷을 보시한 것입니다. 그 남편은 스스로 두려움이라는 화를 극복한 일이 대견하여 환호성을 질렀습니다. 그때 그곳에 있던 꼬살라 국의 빠세나디 왕이 그 소리를 듣고 무슨 일인지 알아보라고 지시했습니다. 왕은 매우 희유한 보시를 한 가난한 부부의 자초지종을 듣고 즉시 많은 상을 내려 그는 그 생에 바로 부자가 되었습니다.

만일 그 사람이 자신의 가난을 한탄하기만 했다면 가난에서 벗어날 길이 없었을 것입니다. 하지만 현재의 가난이 자신이 과거에 지은 공덕의 부족 때문이라고 지혜롭게 판단했습니다. 그리고 용기를 내어 두려움을 극복하고 자신의 전 재산이나 다름없는 옷을 붓다께 보시했기 때문에 그 생에서 즉시 가난에서 벗어날 수 있었던 것입니다. 이처럼 보시를 통해서 화를 극복할 수 있을 뿐만 아니라 큰 복락이 생기게 됩니다.

또 다른 화를 극복하는 방법은 상대의 장점을 보는 것입니다. 화가 일어나면 대상의 좋은 측면이나 장점보다는 나쁜 측면이나 단점을 더 많이 보게 됩니다. 그래서 역으로 상대의 좋은 측면이나 장점에 마음을 기울임으로써 화를 가라앉게 할 수 있습니다.

어떤 사람에게 몸과 마음으로 짓는 행위가 고요하지 못하고 바르지도 못한 단점이 있다고 하더라도, 친절하고 공손하게 좋은 말만을 하고, 의미와 표현을 원만히 갖추어 법을 설하는 등 말을 바르게 하는 장점이 있다면, 그의 몸이나 마음으로 짓는 행위보다 말로 짓는 행위에 주의를 기울임으로써 그 사람에 대한 화를 가라앉힐 수 있습니다.

어떤 사람은 열악한 환경 속에 힘들게 고생하며 살아 몸이나 말로 짓는 행위가 거칠고 때로는 공격적일 때도 있지만, 마음에는 자신과 같이 힘든 삶을 살아온 사람들에 대한 자애와 연민이 강해 알게 모르게 선한 행위를 하는 경우가 있습니다. 이럴 때는 겉으로 드러난 그의 몸이나 말로 짓는 거친 행위보다는 마음으로 짓는 자비로운 행위에 주의를 기울임으로써 그 사람에 대한 화를 누그러뜨릴 수 있습니다.

어떤 사람은 기본적으로 타인에게 냉정하고 타인의 고통에도 무관심하며, 다른 사람이 힘들 때 위로해 주고 직접적으로 도와주는 등의 이타적인 행동 역시 하지 않지만, 말을 할 때 늘 사실을 말하고, 부드럽고 온화하게 말하며, 타인에 대해서도 앞에서든 뒤에서든 객관적으로 있는 그대로 이야기를 합니다. 이럴 때는 그의 냉정하고 무관심한 몸과 말의 행위보다는, 올바른 말에 주의를 기울임으로써 그 사람에 대한 화를 누그러뜨릴 수 있습니다.

이처럼 마음의 각도를 조금 바꿔 상대방을 보면 그동안 미처 보지 못했던 상대의 좋은 점들을 보게 되어 화가 가라앉을 수 있습니다.

화나게 하는 대상을 일시적으로 피하라

화를 버리는 방법 중에서 가장 단순한 방법은 화가 나게 만드는 대상을 일시적으로 피하는 것입니다. 물론 이것은 근

원적으로 화를 버리는 방법은 아니지만, 화가 강하게 일어
날 때는 일시적으로 대상을 피하는 것도 좋은 방법입니다.
화가 많이 나 있을 때 화의 대상과 계속 접촉하게 되면 화는
더욱 자라고 커지게 됩니다. 그래서 일시적으로 화가 나게
만드는 대상을 피함으로써 화를 가라앉힐 수 있습니다. 예
를 들어 서로가 심하게 다투고 있을 때 감정이 격해진 상태
에서 계속 부딪힐수록 화가 더 커지기 마련이므로 일단 자
리를 피하여 서로가 마음이 진정된 후에 상황을 해결하는
것이 더 현명합니다.

화의 대상을 피함으로써 화가 가라앉으면 마음이 고요
해지고 평온해지며 대상에 대한 우호적인 마음이 회복될 수
있습니다. 그러면 올바른 판단을 할 수 있게 되어 문제를 지
혜롭게 해결할 수 있습니다. 화의 대상을 피하는 것은 문제
를 외면하고 도망가는 것이 아닙니다. 화를 가라앉힌 후에
바르게 판단하여 지혜롭게 행동하기 위한 과정입니다. 더
나아가 마음이 고요해지고 평온해지면 화의 원인을 조사하
는 등의 방법을 활용해 자신에게 일어난 화를 더욱 깊이 이
해하고 버릴 수 있습니다.

윤회의 긴 여정을 숙고하라

불교 경전 중 『어머니 경』이나 『아버지 경』 등에는 이 세상에서 내가 만나는 사람 가운데 과거의 어느 생에 자신의 아버지, 어머니, 형제, 자식, 친족이 아니었던 사람을 찾기 어렵다는 이야기가 나옵니다.

> 비구들이여, 이 긴 윤회의 여정에서 전에 어머니가 (…) 아버지가 (…) 형제가 (…) 자매가 (…) 아들이 (…) 딸이 되지 않았던 중생을 만나기란 쉬운 것이 아니다. 그것은 무슨 이유 때문인가? 비구들이여, 그 시작을 알 수 없는 것이 바로 윤회이기 때문이다.

지금 우리가 함께 시간을 보내는 사람 중에 과거 전생에 내 가족이 아니었던 사람을 찾기 어렵다는 것입니다. 지구상의 인류는 물론 인간계보다 훨씬 크고 다양한 축생의 세계, 아귀의 세계, 천상 세계까지 헤아리면 중생의 숫자는 엄청납니다. 그 수많은 존재 중 같은 시간과 공간에 존재하는 일은 보통 인연이 아닙니다. 화의 대상이 전생에 나의 사랑하는 아들이었을 수도 있고, 고마운 부모였을 수도 있다는 것을 생각하면 '전생에 나의 사랑하는 어머니에게 어떻게 화를 내겠는가?', '전생에 나의 사랑하는 아들이나 딸에게 어떻게 화를 내겠는가?' 등으로 숙고하면서 그 사람에 대한 화를 버릴 수 있습니다. 이처럼 윤회의 긴 여정을 숙고하는 일도 화를 버리는 일에 큰 도움이 됩니다.

인과응보와 자업자득을 이해하라

불교의 가르침의 핵심은 연기이고, 연기는 '세상의 모든 일은 조건을 의지해서 일어난다'라는 가르침입니다. 이에 따르면 자신이 지은 업의 결과는 반드시 일어납니다. 지혜와 자비 등을 기반으로 지은 유익한 업은 좋은 결과가 일어나게 하고, 탐욕과 성냄 등을 기반으로 지은 해로운 업은 나쁜 결과가 일어나게 합니다. 설사 지금 자신이 지은 업의 결과가 당장 일어나지 않는다고 해서 업의 결과가 없는 것은 아닙니다. 시간이 지나 인연이 성숙하면 자신이 지은 업의 결과는 반드시 일어나게 되어 있습니다. 이것을 '인과응보因果應報'라고 합니다. 또 남이 지은 업의 결과를 내가 받는 것도 아니고, 내가 지은 업의 결과를 남이 받은 것도 아닙니다. 스스로 지은 업의 결과는 결국 스스로가 받는 것입니다. 이것을 '자업자득自業自得'이라 합니다. 이처럼 인과응보와 자업자득이라는 말을 잘 이해하는 일은 자신을 향한 화나 타인을 향한 화를 버리는 데 아주 유용합니다.

먼저 인과응보를 통찰함으로써 화를 극복할 수 있습니다. 평소에 나쁜 짓을 많이 한 사람이 풍족하게 잘 사는 것처럼 느껴지면 분노가 치밀어오를 수 있습니다. 그런데 그런 사람들이 지금은 풍족하게 사는 것처럼 보일지라도 그런 삶이 영원히 계속될 수는 없습니다. 이 세상에 원인 없이 일어나는 일은 없으므로 그 사람이 현재 풍족하게 사는 것은 이전에 지은 공덕이 있기 때문입니다. 하지만 어리석음을 기반으로 생긴 행복은 결코 오래가지 못합니다. 겉으로는 행복해 보이지만, 마음은 항상 어리석음으로 인해 욕심과 분노에 빠져 불안과 초조 등의 괴로움이 항상 함께 일어납니다. 또 자신의 행복이 영원하리라 착각하면서 자만에 빠져 남에게 거친 말을 하고 폭력을 행사하는 등의 수많은 해로운업을 짓게 됩니다.

그러다가 자신이 지은 해로운 업들이 무르익기 시작하면 자신이 누리던 복락은 금방 사라지고 고통스러운 결과들이 나타나기 시작합니다. 사람들에게 큰 비난을 받거나, 몸에 병이 들거나, 사고가 나서 다치거나, 감옥에 갈 수도 있고, 돌연히 비참한 죽음을 맞이할 수도 있습니다. 이렇게 현생에 많은 고통을 겪게 될 뿐 아니라 죽어서는 고통이 극심한 지옥, 축생 등의 존재로 태어나서 현생보다 훨씬 더 많은 고통을 겪게 됩니다. 자신이 지은 업의 결과가 나타나는 일은 시간문제일 뿐 결국은 일어나게 됩니다. 이처럼 '자신이 지은 업의 결과는 반드시 일어난다'라는 인과응보를 이해한다면 나쁜 짓을 한 사람 때문에 화를 내거나 괴로워할 필요가 없습니다.

어떤 사람은 인과응보라는 가르침을 들으면 두려워하고 무서워합니다. 인과응보가 분명하다면 자신이 지금까지 지은 해로운 업으로 인해 일어날 나쁜 결과가 두렵기 때문입니다. 하지만 해로운 업의 결과는 두려워한다고 없어지지 않습니다. 두려워하기만 할 것이 아니라 해로운 업의 결과에서 벗어날 수 있는 길을 찾아야 합니다. 다행히도 해로운 업의 결과를 피하는 방법이 있습니다. 그것은 유익한 업을 아주 많이 짓는 것입니다. 이에 대한 가르침은 불교 경전 중『소금 덩이 경』에 잘 나와 있습니다. 경전에는 해로운 업을 소금 덩이에 비유하여 설명하고 있는데, 만약 작은 컵에 담긴 물에 소금 한 줌을 넣으면 그 물은 너무 짜서 마실 수가 없을 것입니다. 하지만 강물에 소금 한 줌을 집어넣으면 강물은 조금도 짜지지 않을 것입니다. 이처럼 해로운 업을 지었다 하더라도 그것을 진심으로 참회하고 유익한 업을 아주 많이 짓게 되면 해로운 업이 희석되어 그 결과가 거의 나타나지 않을 수 있습니다.

예를 들어 이생에 공덕은 조금도 짓지 않고 남에게 폭력을 행사하고 사기를 치는 등 나쁜 짓만 일삼은 사람은 빵 하나를 훔친 것만으로도 감옥에 갈 수 있습니다. 하지만 평소에 공덕을 많이 짓고 남에게 친절하고 인자하게 대하는 등 선한 행위를 많이 지은 사람은 빵 하나를 훔쳤다고 하더라도 훈계나 가벼운 형벌을 받는 정도로 끝날 수 있습니다. 이같이 업들은 독립적으로 작용하는 것이 아니라 서로 유기적으로 상호작용하기 때문에 같은 업을 지었더라도 반드시 똑같은 결과가 일어나는 것은 아닙니다. 그러므로 자신이 이제까지 살면서 해로운 업을 많이 지었다고 생각된다면 남은 삶 동안 부지런히 유익한 업을 많이 지어야 합니다. 강물처럼 많은 유익한 업을 짓게 되면 자신이 지었던 해로운 업들을 희석하고 중화시켜서 그 악업의 결과가 훨씬 약해지게 될 것입니다.

마찬가지로 자업자득을 이해함으로써 화를 극복할 수 있습니다. 자업자득을 잘 이해한다면 남이 나에게 화를 냈다고 해서 나도 같이 화를 내는 것은 어리석은 일임을 알 수 있습니다. 어떤 사람이 나에게 화를 냈을 때 함께 화를 낸다면 상대가 해로운 업을 짓는 일에 동조해 나 역시도 해로운 업을 짓는 게 됩니다. 남이 나쁜 짓을 한다고 나까지 나쁜 짓을 할 이유는 없습니다. 상대가 화를 낼 때 자신도 화를 낸다면 나 역시 해로운 업을 짓는 것임을 분명히 알아야 합니다. 마치 바람을 거슬러 던진 흙가루를 자신이 뒤집어쓰는 것처럼.

내가 그 사람에게 화를 내면서 복수를 하지 않더라도 자업자득이므로 자신이 지은 업의 결과는 자신이 받게 되어 있습니다. 그러함에도 내가 복수를 하면 그에게는 언젠가 일어날 업의 결과를 받는 것이지만, 나는 굳이 짓지 않아도 될 해로운 업을 짓게 되는 것입니다. 그러므로 자신에게 아무런 이익이 없는 일입니다. 하지만 상대가 화를 내더라도 자신은 화를 내지 않고 자애나 연민으로써 대응한다면 상대는 해로운 업을 짓는 것이지만, 자신은 유익한 업을 짓게 되는 것입니다. 이처럼 상대의 화에 대하여 같이 화를 내는 것은 자신에게 아무런 이익이 없음을 통찰하면 화를 극복할 수 있습니다. 이와 같은 자업자득에 대해 붓다께서는 『욕설경』에서 음식에 비유하여 설하셨습니다.

붓다 당시에 어떤 바라문이 자신과 같은 성씨를 가진 사람들이 붓다께 출가한 일을 못마땅하게 생각하여 붓다께 거친 말로 욕을 하고 비난하였습니다. 이때 붓다께서는 그 바라문에게 "그대의 친구와 동료나 가족과 친척들이 그대를 방문하러 왔을 때 여러 가지 음식을 내놓는가?"라고 물었습니다. 그러자 그 바라문은 "때때로 여러 가지 음식을 내놓습니다."라고 대답했습니다. 다시 붓다께서는 "만일 그들이 그 음식을 받지 않으면 그것은 누구의 소유가 되는가?"라고 물었습니다. 그러자 그 바라문은 "만일 그들이 받지 않으면 그 음식은 내 것이 됩니다."라고 대답했습니다. 이때 붓다께서는 "그대는 내가 아무 욕을 하지 않는데도 욕을 하고, 모욕을 주지 않는데도 모욕을 주고, 시비를 걸지 않는데도 시비를 건다. 그러나 나는 그대의 것을 받아들이지 않는다. 그러므로 그것은 그대의 것이다."라고 말씀하셨습니다. 그러자 그 바라문은 붓다의 가르침에 감동하여 크게 참회하고 출가를 했다고 합니다.

이 일화에서 비유하였듯이 상대가 차려 준 밥상을 내가 받으면 내 것이 되지만, 받지 않으면 여전히 밥상을 차려 준 사람의 것입니다. 마찬가지로 상대가 화를 내는 해로운 업을 지을 때 같이 화를 내면 나도 해로운 업을 짓는 것입니다. 하지만 상대가 화를 내더라도 화로 대응하지 않고 오히려 자애와 연민을 일으킨다면 상대는 해로운 업을 짓더라도 자신은 유익한 업을 짓는 것입니다. 더 나아가 자애와 연민으로 대응했을 때 상대를 감화시켜 상대가 더 큰 해로운 업을 짓지 않게 해 주는 효과도 있습니다. 이처럼 '스스로 업을 짓고, 스스로 결과를 받는다'라는 자업자득의 가르침을 통찰하는 것은 화를 버리는 데 매우 유용한 지혜입니다.

화낼 대상이 실체가 없음을 통찰하라

화를 버릴 때 화를 낼 대상이 실체가 없음을 통찰하는 일도 좋은 방법입니다. 이 방법은 현상의 실상을 꿰뚫어 아는 상당한 지혜의 힘이 필요한 방법이긴 하지만 화를 근본적으로 버릴 수 있는 강력한 방법입니다. 이런 통찰이 생기면 화를 낼 대상 자체가 실체가 없음을 이해하기 때문에 화를 내는 일이 의미가 없습니다. 이를 분명히 알게 되면 화를 쉽게 버릴 수 있게 됩니다.

그러면 왜 세상에 있는 현상들에는 고정불변하는 실체가 없을까요? 세상에 있는 모든 현상은 조건에 의해 형성된 것이기 때문에 조건이 다하면 소멸하기 마련입니다. 그래서 세상의 모든 현상은 무상합니다. 무상하다는 것은 현상 자체가 변한다는 의미이므로 무상한 현상에는 고정불변하고 영원한 실체가 있을 수 없습니다. 이렇게 무상한 현상에는 실체도, 자아도 없으므로 무상한 현상은 무아이고 공空한 것입니다. 화를 낼 대상이 무아이고 공한 것임을 통찰하면 그와 같은 현상에 화를 내는 것은 무의미함을 꿰뚫어 알게 되므로 그것에 대한 화를 버릴 수 있습니다.

예를 들어 한 수행자는 어떤 사람에 대한 깊은 원한이 있어 그 사람만 떠올리면 화가 불같이 일어났습니다. 그가 자신에게 일어난 분노의 원인을 찾아보니 그 사람을 나쁜 사람으로 규정하고, 그것에 집착하는 탐욕 때문임을 알았습니다. 더 나아가 그런 탐욕이 일어난 이유를 조사해 보니 그를 나쁜 사람으로 실체화하는 어리석음 때문에 탐욕이 일어남을 알게 되었습니다. 이때 그는 모든 존재는 조건에 의해 형성된 것이므로 무상하고, 무상한 현상에는 영원히 사라지지 않는 실체가 없으므로 무아라는 붓다의 가르침을 기억하게 되었습니다. 이를 기반으로 깊이 숙고해 보니 그 사람도 단지 조건에 의해 형성된 몸과 마음의 결합일 뿐이므로 변하기 마련이고, 나쁜 사람이라고 할만한 실체가 없다는 사실을 분명히 알게 되었습니다. 그러함에도 과거의 그의 모습을 나쁜 사람이라는 고정된 모습으로 실체화하는 어리석음으로 인해 현재에도 과거의 그를 기억하여 떠올리면서 화를 내고 고통을 받았던 것입니다. 이처럼 자신에게 일어난 화의 원인이 그를 나쁜 사람으로 실체화하는 어리석음 때문임을 알고 그 사람 자체도 무상하고, 무아라고 통찰하게 되었습니다. 그 수행자는 이렇게 통찰함으로써 화의 대상인 그 사람을 나쁜 사람이라고 실체화하는 어리석음이 버려지고, 어리석음이 버려지니 집착도, 화도 버려졌다고 합니다. 이같이 화를 낼 대상이 실체가 없음을 분명히 이해하면 화를 버릴 수 있습니다.

지금까지 화를 버리는 다양한 지혜를 알아보았습니다. 이렇게 화를 버리는 지혜가 다양한 이유는 사람마다 화를 일으키는 조건과 대상이 다르기 때문입니다. 자존심이 강한 사람은 자존심에 상처를 받았을 때 화가 일어나고, 물건에 대한 집착이 강한 사람은 원하는 물건을 얻지 못했을 때 화가 일어나고, 견해가 강한 사람은 반대 견해에 부딪히거나 무시당할 때 화를 냅니다. 또 타인에게 화를 잘 내는 사람도 있지만, 자신을 자학하며 스스로에게 화를 잘 내는 사람도 있습니다. 그래서 화를 버리는 방법을 다양하게 배우고 익혀야 대상이나 자기 상황에 맞게 가장 적합한 방법들을 활용할 수 있습니다. 이렇게 상황에 따른 여러 가지 방법들을 익혀서 자기 문제에 적용하다 보면 나중에는 상황에 맞게 지혜가 저절로 작용해서 쉽게 화를 버릴 수 있습니다.

그리고 이와 같은 다양한 지혜를 배웠다고 하더라도 자

신에게 일어나는 화에 적용하여 그것을 버리기 위해 열심히 노력하지 않는다면 화가 버려지지 않음을 잊지 말아야 합니다. 화를 버리는 여러 가지 방법 중에 자신에게 맞는 방법을 찾아서 그것을 체득하기 위해 끊임없이 노력해야 합니다. 이때 자신의 경험과 지혜만을 의지해서 올바른 방법을 찾는 것은 오랜 시간이 걸릴 뿐만 아니라 성공할 가능성이 상당히 낮습니다. 그러므로 붓다와 같이 화를 완전히 소멸한 성자들의 가르침을 의지해서 바른 지혜와 바른 방법을 배우고 그것을 기반으로 끊임없이 노력해야 합니다. 그리하여 실질적으로 화를 버릴 수 있고, 궁극적으로 화를 완전히 소멸할 수 있습니다.

04

화의
원인을
조사한다

화의 발생의 기본 구조를 이해하라

화를 버리는 다양한 지혜를 활용했음에도 불구하고 화가 버려지지 않을 때는 한 걸음 더 나아가 화의 원인을 파악하여 그것을 제거함으로써 화를 버릴 수 있습니다. 앞서 설명했듯이 기본적으로 화는 탐욕을 조건으로 일어나고, 탐욕은 어리석음을 조건으로 일어납니다. 이 기본 구조를 이해하는 것은 화의 원인을 통찰할 때 매우 중요하므로 다시 한 번 간단히 살펴보겠습니다.

먼저 화는 탐욕을 조건으로 일어납니다. 탐욕이 있으면 원하는 대상을 얻지 못할 때 정신적 고통이 동반되면서 화가 일어나고, 설사 원하던 대상을 얻었다고 하더라도 그것이 사라질까 초조해하고 불안해하면서 화가 일어나기 때문입니다. 이렇게 탐욕은 화의 원인이 됩니다. 그리고 탐욕은 어리석음을 조건으로 일어납니다. 앞서 설명했듯이 어리석음은 사성제, 즉 네 가지 성스러운 진리에 대한 무지를 말합니다. 어리석음이 있으면 무상한 현상을 영원한 것이라 잘못 알고, 괴로움인 현상을 행복이라 잘못 알고, 내 것이라 할 수 없는 현상을 내 것이라 잘못 앎으로써 그것에 대해 집착하는 탐욕이 일어나는 것입니다.

이처럼 화는 탐욕을 조건으로 일어나고, 탐욕은 어리석음을 조건으로 일어나므로 지혜를 계발하여 어리석음을 버리면 탐욕이 사라지고, 탐욕이 사라지면 화가 사라집니다. 좀 더 구체적으로 세상의 모든 현상은 무상하고 괴로움이며 무아라는 지혜가 생기면 무상한 현상을 영원한 것이라고 잘못 아는 무지, 괴로움인 현상을 행복이라고 잘못 아는 무지, 내 것이 아닌 현상을 내 것이라 잘못 아는 무지, 즉 어리석음이 즉시 사라집니다. 그리고 어리석음이 사라지면 현상에 집착하던 탐욕이 사라지고, 탐욕이 사라지면 화가 사라집니다. 그러므로 화의 원인을 조사할 때 '화는 탐욕을 조건으로 일어나고, 탐욕은 어리석음을 조건으로 일어난다'라는 화의 기본 구조를 활용하면 매우 유용합니다. 이것을 잘 활용하면 화의 원인인 어리석음을 명확히 알 수 있고, 이 어리석음을 제거하는 지혜를 계발하면 화를 좀 더 근원적으로 버릴 수 있습니다.

따라서 화의 원인을 조사할 때는 먼저 '화가 어떤 탐욕을 조건으로 일어나는가?'에 대하여 조사해 화의 원인이 되는 탐욕을 찾아야 합니다. 화의 원인인 탐욕을 찾았다면 다음에는 '이 탐욕은 어떤 어리석음을 조건으로 일어나는가?'에 대해 조사하여 탐욕의 원인인 어리석음을 찾으면 됩니다. 예를 들어 어떤 남자 수행자는 최근에 자신이 몸이 아픈 것에 대하여 자주 짜증을 내고 화를 낸다는 것을 알아차렸습니다. 그래서 자신에게 일어난 화에 어떤 탐욕이 있는지 조사해 보니 자신의 몸이 항상 건강하기를 집착하는 탐욕이 있음을 통찰했습니다. 더 나아가 이런 탐욕이 어떤 어리석음을 조건으로 일어나는지 조사해 보니 그는 자신의 몸이 영원히 건강할 수 없음에도 그것이 영원할 것이라 잘못 아는 어리석음이 있음을 통찰했습니다. 다시 말해서 건강한 몸이 영원할 수 있다고 착각하는 어리석음을 조건으로 건강한 몸에 집착하는 탐욕이 그에게 일어났던 것입니다.

이때 그는 사람의 몸은 물질로 이루어져 있고, 물질은 조건에 의해 형성된 것이므로 바이러스, 해로운 음식 섭취, 추운 날씨 등의 조건이 있으면 병이 생길 수밖에 없다는 사실을 통찰했습니다. 이렇게 그에게 건강한 몸이라도 병이 생길 수 있다는 사실을 분명히 통찰하는 지혜가 생겼을 때 건강한 몸이 영원할 수 있다고 잘못 아는 무지인 어리석음이 버려지고, 그로 인해 건강한 몸에 집착하던 탐욕도 버려졌습니다. 마치 똥이 황금인 줄 잘못 알고 집착했는데 나중에 그것이 똥임을 분명히 알면 탐욕이 버려지는 것처럼. 더 나아가 건강한 몸에 대한 탐욕을 버리고 나니 그는 설사 자신의 몸이 아프더라도 그것을 싫어하지 않고 수용하고 받아들일 수 있게 되어 일상적으로 몸이 아픈 것에 대하여 일어나던 짜증이나 화를 버릴 수 있었습니다.

그런데 '화는 탐욕을 조건으로 일어나고, 탐욕은 어리석음을 조건으로 일어난다'라는 화의 기본 구조는 역으로도 작용합니다. 화의 기본 구조는 화의 원인을 조사하는 가장 전형적인 구조를 드러낸 것일 뿐입니다. 그래서 화를 조건으로 탐욕이 일어날 수도 있습니다. 예를 들어 많은 사람들은 화로 인한 스트레스 때문에 이를 해소하기 위하여 음식을 먹거나, 음악을 듣거나, 영화를 보거나, 데이트를 즐기는 등 감각적 욕망을 추구합니다. 이렇게 화가 감각적 욕망의 원인이 될 수 있습니다. 또 탐욕이나 화를 조건으로 어리석음이 일어날 수도 있습니다. 탐욕이나 성냄, 즉 화가 많으면 마음의 균형이 깨져 마음이 산만해지고 무기력해지면서 지혜가 사라지고 어리석음이 늘어날 수 있습니다. 이렇게 탐욕이나 성냄이 어리석음의 원인이 될 수도 있습니다.

이처럼 탐욕과 화가 서로 조건이 되고, 탐욕이나 화와 어리석음이 서로 조건이 됩니다. 그렇지만 탐욕은 형에, 화는 아우에, 어리석음은 부모에 비유할 수 있으므로 화의 기본 구조를 '어리석음을 조건으로 탐욕이 일어나고, 탐욕을 조건으로 화가 일어난다'라고 간단하게 정리한 것입니다.

화를 조사할 때 꼭 알아야 할 것들

화의 원인을 조사할 때 꼭 명심해야 할 점들이 있습니다.

첫째, 화의 원인을 조사할 때 바른 견해[正見]를 기반으로 삼아야 합니다. 화의 원인을 자기 경험이나 견해를 통해서만 조사하게 되면 화의 핵심적인 원인을 찾지 못하고 지엽적인 원인에 천착할 수 있습니다. 그러면 화가 일어나는 지엽적인 원인을 버리기 위해 애쓸 것이므로 노력의 방향이 부정확하여 화가 버려지기 어렵습니다. 반면 화의 원인을 조사할 때 바른 견해를 기반으로 화의 핵심적인 원인을 찾는다면 그것을 버리기 위한 노력의 방향이 정확해져 화를 실제로 버릴 수 있습니다.

바른 견해에 따르면 화의 핵심적인 원인은 대상보다는 마음입니다. 그래서 화의 원인을 조사할 때 화의 외적인 조건도 찾아야 하지만, 화의 내적인 조건을 찾는 일이 훨씬 더 중요합니다. 앞서 설명한 '화는 탐욕을 조건으로 일어나고, 탐욕은 어리석음을 조건으로 일어난다'라는 화의 기본 구조도 바른 견해를 기반으로 핵심적인 원인을 찾기 위해 정리된 것입니다. 이처럼 화의 원인을 조사할 때는 바른 견해가 기반이 되어야 합니다.

둘째, 화를 조사할 때는 탐욕과 화가 없는 고요하고 평온하고 집중된 마음이 기반이 되어야 합니다. 만약 탐욕이 있으면 대상에 대하여 자신이 원하는 측면만 보고 그것에 집착하게 됩니다. 또 화가 있으면 대상에 대하여 자신이 원하지 않는 측면만 보면서 그것을 싫어하게 되므로 마음의 균형이 무너져서 마음이 들뜨고 어지럽고 산만해집니다. 이 와 같은 마음 상태에서는 화의 원인을 바르게 조사할 수 없 습니다. 하지만 탐욕과 화가 없다면 마음이 고요하고 평온 하므로 대상에 대한 편견 없이 조사할 수 있습니다. 그래서 화를 조사하기 전에 앞서 설명한 여러 가지 화를 버리는 지 혜를 활용하여 화를 가라앉혀야 합니다. 그런 후에 고요하 고 평온하고 집중된 마음 상태에서 '화는 탐욕을 조건으로 일어나고, 탐욕은 어리석음을 조건으로 일어난다'라는 화의 기본 구조를 활용하여 조사하는 것이 바람직합니다.

끝으로 화의 원인을 조사함으로써 화의 원인인 탐욕과 어리석음을 발견했다고 해도 화가 즉시 사라지지 않을 수도 있습니다. 화를 조사하여 화의 원인인 탐욕과 탐욕의 원인 인 어리석음을 발견했다는 것은 무엇을 버려야 하고, 어떤 지혜를 계발해야 할지 올바른 노력의 방향이 명확해졌다는 의미입니다. 이렇게 노력의 방향이 명확해졌다고 해도 실제 지혜를 계발하여 어리석음을 버리는 바른 노력이 병행되지 않는다면 화가 버려질 수 없습니다.

만약 스쳐 지나가는 가벼운 화라면 그것의 원인인 탐욕

이나 어리석음도 역시 강하지 않아 지혜가 생기는 즉시 화가 사라질 수 있습니다. 하지만 오랜 시간 반복된 습관적이고 고질적인 화는 그것의 원인인 탐욕이나 어리석음도 아주 강하고 습관적이며 고질적이므로 한 번의 지혜로 화가 즉시 사라지지 않습니다.

화가 일어나는 근원적인 원인인 어리석음에 초점을 맞추어 그것을 버리는 지혜를 계발하기 위해 끊임없이 노력해야 고질적인 화가 사라질 수 있습니다. 오랜 세월 이어온 습관이 어떻게 한순간에 사라지겠습니까? 올바른 방향으로 끊임없이 노력을 기울임으로써 지혜가 점차 강해지고 예리해지며, 그로 인해 고질적인 화도 점점 약해지고 어느 순간 사라지게 되는 것입니다. 지금까지 설명한 점들에 주의하면서 화의 원인을 조사해야 실제로 화를 버릴 수 있습니다.

감각적 욕망과 화

탐욕은 감각적 욕망, 존재에 대한 욕망, 존재하지 않음에 대한 욕망, 자만, 사견 등 다양한 형태가 있는데 이들 중 화를 가장 많이 일으키는 마음은 감각적 욕망, 자만, 사견의 세 가지입니다. 그래서 이 세 가지 탐욕은 어떻게 화를 일으키는지, 더 나아가 이 세 가지 탐욕은 각각 어떤 어리석음을 조건으로 일어나는지에 대하여 좀 더 자세히 살펴보겠습니다. 더불어 수행자들이 자신에게 일어나는 화의 원인을 조사함으로써 실제로 화를 버린 사례들도 소개하겠습니다. 이런 사례들을 통해 화의 원인을 어떻게 조사하여 화를 버리는지에 대해 좀 더 구체적으로 이해할 수 있을 것입니다. 그럼 먼저 화가 일어나는 가장 주된 원인 중 하나인 감각적 욕망에 대하여 살펴보겠습니다.

감각적 욕망은 사람들에게 가장 많이 일어나는 탐욕의 형태입니다. 감각적 욕망은 형상[色], 소리[聲], 냄새[香], 맛[味], 감촉[觸]의 다섯 대상을 즐기고자 하는 욕망, 그리고 다섯 대상을 경험하고 생각을 통해 개념, 정보, 지식 등[法]을 즐기고자 하는 욕망입니다. 예를 들면 아름다운 경치를 보는 것, 좋은 음악을 듣는 것, 좋은 냄새를 맡는 것, 맛있는 음식을 먹는 것, 몸에 닿은 부드러운 감촉을 감지하는 것 등과 같이 사람들이 좋아하고 원하는 대상을 통해 일어나는 즐거움에 집착하는 마음이 감각적 욕망입니다. 더 나아가 다섯 감각 대상에 대한 앎을 이모저모 생각함으로써 얻은 정보, 개념, 지식 등을 통해 일어나는 즐거움에 집착하는 마음은 좀 더 발전된 형태의 감각적 욕망입니다. 이렇게 다섯 감각 대상을 기반으로 일어나는 여러 가지 즐거움에 집착하는 마음이 감각적 욕망입니다.

감각적 욕망을 조건으로 화가 일어난다

감각적 욕망은 감각 대상을 통해 생긴 즐거움, 즉 감각적 즐거움에 집착하는 마음이므로 감각적 욕망이 일어날 때는 달콤한 즐거움이 동반됩니다. 하지만 감각 대상을 통해 생긴 즐거움은 조건에 의해 생겼으므로 사라지기 마련인데 사람들은 이것이 영원한 줄 알고 집착합니다. 이러한 집착으로 인해 감각적 즐거움이 사라지면 불만족스럽고 화가 일어나게 됩니다. 이같이 감각적 욕망은 화가 일어나는 조건이 됩니다. 좀 더 부연해서 설명하면 자신이 원하는 감각적 욕망이 충족되지 않았을 때는 당연히 화와 더불어 정신적 불만족이 일어납니다. 예를 들어 돈을 벌고 싶지만 벌지 못했을 때, 맛있는 음식을 먹고 싶지만 먹지 못했을 때, 성공하고 싶지만 성공하지 못했을 때 화가 나고 정신적 불만족을 느낍니다.

　반면 자신이 원하던 감각적 욕망이 충족되었을 때는 일시적으로 행복하다고 느끼지만, 시간이 지나면서 자신이 얻은 행복이 사라지지는 않을까 초조해하고 불안해합니다. 예를 들어 자신이 너무 행복하면 '이 행복이 사라지면 어떻게 하나?'라고 두려워합니다. 이렇게 설사 감각적 욕망이 충족되었더라도 그것은 화의 씨앗이 되고 정신적 고통의 원인이 됩니다. 이처럼 감각적 욕망을 조건으로 화가 일어납니다.

괴로움을 통찰하면 감각적 욕망이 버려진다

앞서 살펴보았듯이 탐욕은 항상 어리석음을 조건으로 일어나므로 감각적 욕망도 어리석음을 조건으로 일어납니다. 그러면 감각적 욕망은 어떤 어리석음을 조건으로 일어나는 것일까요? 감각적 욕망은 기본적으로 감각적 즐거움이 행복이라고 잘못 아는 어리석음을 조건으로 일어납니다. 그래서 감각적 욕망을 버리려면 감각적 즐거움은 행복이 아니라 괴로움이라 통찰하는 지혜를 계발해야 합니다. 그러면 감각적 욕망이 왜 괴로움인지에 대하여 좀 더 자세히 살펴보겠습니다.

　첫째, 감각적 욕망은 집착이 함께하므로 불만족의 씨앗

이 됩니다. 많은 것을 소유한 사람은 현재는 행복하지만, 자신이 얻은 것들이 행여 사라질까 불안해하고 초조해합니다. 반면에 원하는 것을 갈망하지만 얻지 못한 사람은 그 자체로 불만족스럽고 괴롭습니다. 이렇게 감각적 욕망은 행복이 없는 것은 아니지만 그것이 오히려 두려움과 불만족 등의 씨앗이 되는 공허한 행복입니다. 그래서 붓다께서는 감각적 욕망의 행복은 달콤함과 즐거움은 작고, 재난과 괴로움은 많다고 설하신 것입니다.

둘째, 감각적 욕망의 행복은 대상을 의지합니다. 감각적 욕망의 행복은 원하는 대상을 얻음으로써 생기는 행복이므로 대상에 전적으로 의지합니다. 그런데 갈구하는 대상이 있더라도 언제나 얻을 수 있는 것이 아니라 여러 가지 조건들이 갖추어졌을 때만 얻을 수 있습니다. 예를 들어 돈이나 권력, 명예 등은 한정되어 있고 그것을 갈구하는 사람들은 많습니다. 그러므로 그것을 얻기 위해서는 다른 존재와 경쟁해야 하고, 치열한 경쟁에서 이긴 사람만이 그것을 얻어서 감각적 욕망의 행복을 누릴 수 있을 뿐입니다. 이같이 원하는 대상은 갈망한다고 해서 항상 얻어지는 것이 아닙니다. 그래서 갈구하던 대상을 얻은 자는 감각적 욕망의 행복

을 누릴 수 있지만, 그렇지 못한 자는 감각적 욕망의 행복을
누릴 수 없고, 오히려 큰 고통이 일어납니다. 이처럼 감각적
욕망의 행복은 대상에 의지하므로 갈망한다고 해서 언제나
얻을 수는 없습니다.

끝으로 감각적 욕망의 행복은 집착이 함께하므로 타락
으로 인도합니다. 예를 들어 사람들은 돈, 명예, 성적 쾌감,
권력 등을 얻고 싶어 합니다. 이런 갈구가 정도를 넘어 버리
면 수단과 방법을 가리지 않고 오직 그것들을 얻는 것에만
집착하게 됩니다. 그러면 자신이 원하는 것에 대한 집착 때
문에 비록 사악한 행위일지라도 주저하지 않고 저지르게 되
므로 자신을 해롭게 할 뿐 아니라 남도 해롭게 합니다. 그래
서 감각적 욕망의 행복은 자신을 타락하게 할 수 있습니다.

이상에서 살펴보았듯이 감각적 욕망의 즐거움은 겉으
로는 행복처럼 보이지만 실제로는 결점과 괴로움들이 훨씬
많은 공허한 행복, 행복처럼 포장된 괴로움입니다. 마치 달
콤하지만 독이 든 음료수처럼. 다시 말해서 감각적 욕망은
실상 행복이 아니라 괴로움입니다. 이처럼 감각적 욕망의
실상이 괴로움임을 분명히 통찰하면 감각적 욕망이 행복이
라고 잘못 아는 어리석음이 버려져서 그로 인해 감각적 욕

망이 버려지게 됩니다.

담배 중독으로 인한 화를 극복한 수행자

한 남자 수행자는 그동안 흡연을 해 오다 보니 건강이 나빠져 담배를 끊고 싶었지만, 오랜 세월 흡연으로 이미 중독이 되어 있어 담배를 끊지 못하고 있었습니다. 이런 자신의 모습을 보며 그는 '나는 너무 못났어!'라고 자학하는 등 자신에 대한 화가 많이 일어났으며 그로 인해 많은 고통을 겪었습니다. 그러다가 불교를 만나 호흡수행을 배우게 되었는데 수행을 잘하기 위해서 담배를 꼭 끊어야겠다고 결심했습니다.

어떻게 담배를 끊을 것인가 고민하다가 당장 담배를 끊기가 어렵다고 판단하여 담배를 피우고 싶을 때마다 『반야심경』을 한 차례 독송하고 난 후 담배를 피우는 방법을 생각했습니다. 『반야심경』을 독송하는 동안에 담배를 피우고 싶은 욕망이 약해져서 담배를 줄일 수 있고, 나중에는 완전히 끊을 수 있으리라 생각했기 때문입니다. 하지만 이 방법은 담배를 피우는 마음을 억제하여 담배를 줄이는 데는 다소 효과가 있었지만, 담배를 완전히 끊지는 못했습니다.

또 다른 방법으로 돈이 아까워서 담배를 끊을 수 있지 않을까 생각하고 담배를 사서 다 피우기 전 쓰레기통에 버리기도 했습니다. 그렇지만 조금 시간이 지나면 버린 쓰레기통을 뒤져서 다시 담배를 찾는 자신을 발견하고 자괴감에 빠지기도 했습니다. 그런 과정에서 그는 급기야 '나는 왜 이렇게 의지가 약한가?', '이런 의지로 어떻게 수행을 할 수 있단 말인가?'라고 자학하며 괴로워했습니다. 이와 같은 방법으로 담배를 완전히 끊지도 못했을 뿐 아니라 오히려 자신에 대한 화도 커졌습니다.

그러던 중 이 수행자는 자신이 담배를 피우는 일을 억지로 참고 억압하는 것이 아니라 담배에 집착하는 마음을 관찰하고 조사해 보기 시작했습니다. 이런 조사를 통해 자신의 화는 흡연의 즐거움에 대해 집착하는 감각적 욕망을 조건으로 일어났음을 알았습니다. 그런 다음 흡연에 대한 감각적 욕망으로 인해 생긴 일들을 면밀하게 관찰했습니다. 분명히 담배를 피우는 순간은 긴장도 풀어지고 욕망을 충족하는 즐거움이 있었습니다. 하지만 담배를 피울 수 없는 환경에서 담배를 피우지 못하면 그로 인해 정신적 고통과 화가 일어남을 관찰했습니다. 다음으로 담배를 피우는 것 자체가 자신의 건강에 해롭고 타인의 건강도 해칠 수 있는 해로운 것임을 알았습니다. 또 흡연을 많이 하고 난 다음 날은 아침에 일어나기 힘들고 목도 많이 불편하다는 것을 알게 되었습니다. 그리고 흡연으로 인해 숨을 쉬는 일이 편안하지 않아 호흡 수행을 하는 데도 많은 장애가 되고 있음을 관찰했습니다. 이와 같은 해로움을 관찰하다 보니 담배를 피워서 생기는 즐거움보다 담배로 인해 생기는 괴로움이 훨씬 많다는 사실을 분명히 꿰뚫어 알게 되었습니다. 이와 같은 통찰은 매우 큰 변화가 일어나게 했습니다.

그는 지금까지 오랜 시간 동안 흡연을 행복이라고 알고 있었습니다. 단 한 번도 괴로움이라 생각했던 적이 없었습니다. 이렇게 흡연을 괴로움이 아니라 행복이라 잘못 알았기 때문에 흡연에 대한 집착이 일어났던 것입니다. 하지만 그에게 흡연은 행복이 아니라 괴로움이라고 꿰뚫어 아는 지혜가 생기게 되니 이전처럼 흡연을 억지로 참는 것이 아니라 흡연에 대한 집착이 자연스럽게 멀어지게 되었고, 그로 인해 어렵지 않게 담배를 끊을 수 있었습니다. 다시 말해서 흡연이 '괴로움'이라는 통찰을 통해 흡연을 '행복'이라고 잘못 아는 어리석음을 버릴 수 있었고, 어리석음이 버려지니 흡연의 즐거움에 집착하는 감각적 욕망이 자연스럽게 버려 졌으며, 감각적 욕망이 버려지니 담배를 끊을 수 있었고, 담배를 끊지 못하여 생긴 화도 사라졌습니다.

이처럼 그는 자신에게 일어난 화를 조사함으로써 흡연에 대한 감각적 욕망을 조건으로 화가 일어났고, 그 감각적 욕망은 '흡연을 행복이라고 잘못 아는 어리석음'을 조건으로 일어났음을 이해했습니다. 이런 이해를 바탕으로 그는 흡연이 행복이 아니라 괴로움이라고 통찰하는 지혜를 계발함으로써 어리석음을 버렸고, 어리석음을 버림으로써 흡연에 대한 탐욕을 버려 담배를 완전히 끊을 수 있었으며, 그로 인해 화를 버릴 수 있었습니다.

자만과 화

자만[māna, 自慢]이란 자신을 내세우는 특성이 있는 마음을 말합니다. 일반적으로 자만은 자신이 남보다 우월하다고 내세우는 마음을 의미합니다. 하지만 불교에서 말하는 자만은 그뿐 아니라 나와 남이 동등하다고 내세우는 마음이나 내가 남보다 열등하다고 내세우는 마음도 포함됩니다. 그래서 자만은 우월함이나 동등함, 그리고 열등함의 세 가지 형태 중 하나로 자신을 내세우는 마음을 뜻합니다. 한마디로 자만은 자신을 내세우면서 자신과 타인을 비교하는 마음이라 할 수 있습니다. 이런 자만은 존재들이 가장 소중하게 생각하는 자기 존재감, 자존심, 이기심 등과 관련이 있는 마음이므로 존재들이 그것들에 손상을 입을 때 아주 큰 분노가 일어나고 큰 상처를 받게 됩니다. 그래서 자만은 화가 일어나게 하는 주된 원인이 됩니다.

자만을 조건으로 화가 일어난다

그러면 이와 같은 자만이 어떻게 화를 일으키는지 크게 세 가지로 나누어서 좀 더 자세히 살펴보겠습니다.

첫째, 자신이 우월하다고 생각하는 사람이 남에게 무시당할 때나 자신보다 더 뛰어난 사람을 볼 때는 분노나 질투, 자학이 일어납니다. 예를 들어 자신의 능력이 남보다 뛰어나다고 생각하면서 자만을 가진 사람은 평소에 스스로 우월감을 가지고 자신보다 능력이 부족한 사람을 무시합니다. 하지만 자신보다 더 우월한 능력이 있는 사람을 보게 되면 오히려 열등감이나 자괴감에 빠져서 그 사람을 질투하거나 자학하게 됩니다. 더구나 그 사람이 자신을 무시하는 모습을 보일 때는 불같이 화가 일어나게 됩니다. 일반적으로 자신이 열등하다고 생각하는 사람보다 자신이 우월하다고 생각하는 사람이 남에게 무시당했을 때 훨씬 더 크게 화가 일어납니다.

둘째, 나와 타인이 동등하다고 생각하는 사람이 타인에게 무시당하거나 자신보다 우월한 사람을 볼 때 분노나 질투 등의 화가 일어납니다. 예를 들어 자신과 지인의 능력이 동등하다고 생각하던 사람이, 지인의 능력이 자신보다 더 뛰어난 것을 알게 되면 그 사람을 부러워하면서 질투하게 됩니다. 더 심한 경우 지인의 능력이 없어지기를 바라는 악의가 일어나기도 합니다. 특히 지인이 자신을 무시하는 말과 행동을 할 때는 불같이 화가 일어나게 됩니다.

셋째, 자신이 남보다 열등하다고 생각하는 사람은 자신이 못났다고 자학하거나 자신보다 뛰어난 타인을 볼 때 질투 등의 화가 일어납니다. 예를 들어 자신은 재력도 없고 능력도 없고 외모도 못났다고 생각하는 사람은 스스로 비하하며 자학합니다. 또 재력이 있거나 능력이 있거나 외모가 훌

률한 사람을 보면 질투가 일어나고, 자신을 더욱 열등하게 생각하며 자학을 합니다.

이상에서 살펴보았듯이 자만은 화가 일어나는 주된 원인이 됩니다.

무상이나 무아를 통찰하면 자만이 버려진다

자만을 조건으로 화가 일어나므로 자만을 버리면 화가 버려집니다. 그러면 자만을 버리는 몇 가지 중요한 지혜에 대하여 살펴보겠습니다.

첫째, 자만의 위험을 통찰합니다. 보통 사람들은 자만이 나쁘지 않다고 생각할 수 있지만 실제로 자만은 많은 괴로움을 불러일으킵니다. 앞서 설명했듯이 자만이 많으면 화가 일어나기 마련이고, 화는 자신을 타락시키는 아주 해로운 마음입니다. 또 자만이 많은 이들은 허영심이 많습니다. 특히 자신이 무언가 성공했을 때 우쭐해져서 그것을 내세우고 싶고 자랑하고 싶은 마음이 일어나기 쉽습니다. 이것은 남에게 인정받고 싶고 자신이 잘난 것을 드러내고 싶은 명예욕과 함께하는 자만입니다. 특히 수행자가 명예욕이 생기면 수행과는 거리가 멀어지게 되고, 조건이 다하여 명예가 사라졌을 때 큰 괴로움을 겪게 됩니다.

또 수행할 때 자만이 있으면 다른 사람보다 더 좋은 결과를 내고 싶어서 경쟁하게 됩니다. 경쟁에서 이기면 행복해하지만, 경쟁에서 지면 화를 내고 슬퍼합니다. 누군가와 경쟁하고 이기려 드는 건 세속적인 관점이지 수행자의 관점이 아닙니다. 경쟁하는 일은 자만을 버리는 방향이 아니라 오히려 자만을 키우는 방향이므로 많은 괴로움이 일어나게 합니다.

한편 자만이 강한 사람들은 타인의 충고를 잘 듣지 못합니다. 자만은 어느 정도 자신의 견해와 상호 작용하므로 자만이 강한 사람은 자기 견해도 강합니다. 그래서 타인의 충언을 받아들이지 못하고 거부하고 화를 내므로 타인의 충고를 통해 배울 기회를 놓쳐 버리게 됩니다. 적어도 지혜로운 사람의 말에는 귀를 기울일 줄 알아야 자신의 지혜가 향상할 수 있습니다. 붓다께서 '지혜로운 말을 전해 주는 사람은 보물을 주는 사람이다.'라고 말씀하셨듯 자기 허물을 지적해 주는 지혜로운 자를 보물을 주는 사람처럼 여겨야 합니다. 만약 스스로 자신의 허물을 발견하려면 수십 년에서 수백 생, 수백 겁이 걸릴 수 있습니다. 하지만 지혜로운 이의 충고를 통해 그 순간 자신의 허물을 바로 발견하고 고칠 수도 있습니다. 이러함에도 자만으로 인해 지혜로운 이의 충고에 거부하고 화만 내는 사람은 지혜가 향상할 수도 없고 괴로움만 더 늘어나게 됩니다.

이처럼 자만이 위험하고 해로운 마음임을 통찰함으로써 자만을 버릴 수 있습니다.

둘째, 겸손의 이익을 통찰합니다. 자만이 해롭고 위험하다면 겸손은 유익하고 괴로움이 사라지게 합니다. 자만이 자신을 내세우는 마음이라면 겸손은 자신을 낮추고 남을 공경하는 마음입니다. 자신만을 높이고 남을 깔보고 낮추는 사람은 누구나 싫어하지만, 자신을 낮추고 타인을 존중하며 배려하는 사람은 누구나 좋아하고 가까이하고 싶어 합니다. 이렇게 자만의 해로움과 겸손의 이익을 통찰함으로써 자만을 버릴 수 있습니다.

끝으로 자만의 원인을 조사하는 것입니다. 자만은 자신에 대하여 집착하는 탐욕이 함께하므로 결국 어리석음을 조건으로 일어납니다. 그러면 자만은 어떤 어리석음을 조건으로 일어날까요? 먼저 사람들이 자신을 내세우는 이유는 '내가 있다.'라고 집착하기 때문입니다. 그런데 '나'라는 존재의 실상은 물질과 정신 또는 몸과 마음입니다. 더 나아가 몸은 업 또는 음식 등을 조건으로 일어나고, 마음 또는 의식은 감각 기능과 대상의 접촉을 통해 일어납니다. 이렇게 몸과 마음은 조건에 의해 생겨났으므로 무상합니다. 무상한 것은 불만족스럽고 불완전하고 불확실한 것이므로 괴로움의 속성이 있습니다. 무상하고 괴로움인 것은 내 마음대로 통제할 수 없으므로 내 것도 아니고, 나도 아니고, 나의 자아도 아닙니다. 이같이 몸과 마음에는 그것을 통제하는 '자아', '영혼', '진아眞我' 등이 없다는 것을 드러낸 진리가 무아의 진리입니다. 그래서 '내가 있다.'라고 생각하는 것은 '무아'의 진리를 모르기 때문에 생기는 어리석음입니다. 이런 어리석음을 조건으로 자만이 일어나는 것입니다. 따라서 나라는 존재의 실상은 물질과 정신이고, 물질과 정신은 무아임을 통찰한 지혜가 생기면 자만이 버려집니다. 한마디로 무아의 지혜를 통해 자만이 버려집니다.

또 자만이 일어나는 원인 중의 하나는 자신의 성공이나 실패가 영원하다고 집착하기 때문입니다. 그래서 성공한 사람은 자신의 명예나 번영이 영원하리라 착각해 자신이 뛰어나고 우월하다고 내세우는 자만이 일어나는 것입니다. 반대로 실패한 사람은 자신의 실패가 영원할 것처럼 착각하고 자신은 열등하고 부족하다고 내세우는 자만이 일어나는 것입니다. 하지만 세상의 모든 일은 조건에 의해 형성된 것이므로 무상합니다. 무상하다는 것은 성공한 사람이 실패하기도 하고, 실패한 사람이 성공할 수도 있다는 의미입니다. 이와 같은 무상의 진리를 모르므로 자신이 성공했을 때 우월하다고 내세우거나 실패했을 때 열등하다고 내세우는 자만이 일어나는 것입니다. 따라서 자신의 성공이나 실패는 무상함을 통찰한 지혜가 생기면 자만이 버려집니다. 한마디로 무상의 지혜를 통해 자만이 버려집니다.

이처럼 자만의 원인을 조사함으로써 자만을 버릴 수도 있습니다. 이상에서 설명한 지혜를 잘 활용하면 자만을 버릴 수 있습니다.

자만으로 인해 생긴 화를 극복한 수행자

한 남자 수행자는 성냄으로 인한 괴로움이 많았습니다. 경쟁 심리가 강해서 자신이 남들보다 더 못하면 괴로웠고, 자신보다 잘하는 사람들에 대한 질투심도 강했습니다. 그리고 다른 사람의 모자란 부분이나 부족한 부분을 떠올리며 타인을 부정적으로 평가하곤 했으며 그런 자신의 모습을 수치스럽게 생각했습니다. 또 타인에게, 특히 자신에게 중요한 사람으로부터 인정받고 칭찬받고 싶은 마음이 강해서 무언가를 할 때도 과하게 열심히 했습니다. 그러다 제풀에 지치면 이렇게 열심히 노력한 자신을 남들이 인정하고 알아주지 않는다며 서운해하고 화를 냈습니다. 그러다 보니 다른 사람들의 반응에도 예민했습니다. 특히 자신에 대한 부정적인 평가에 많이 괴로워했으며 자신을 무시하는 사람에 대해서는 크게 분노했습니다. 이렇게 자기 존재감을 증명하려 하고 타인의 반응에 신경 쓰다 보니 인간관계는 괴로웠고 삶은 힘겨웠습니다. 그로 인해 항상 불만족스럽고 화가 났지만, 그는 지금까지 이와 같은 화를 억누르고 피하려고만 했습니다.

그러던 중에 붓다의 가르침을 접하고 화의 원인을 깊이 숙고하게 되었습니다. 화의 원인을 조사해 보니 자신에게 일어나는 화는 자만을 조건으로 일어났고, 자만은 '내가 있다.'라는 어리석음을 조건으로 일어났음을 통찰하게 되었습니다. 다시 말해서 그는 자신의 몸과 마음을 '내 것', '나', '내 자아'라고 잘못 아는 어리석음을 조건으로 '나는 뛰어나다.',

'나는 열등하다.'라고 내세우는 자만에 빠진 것입니다. 그래서 자신이 건강하고 아름답고 총명하고 유익한 일을 많이 할 때는 '나는 우월하고 뛰어나다.'라고 생각하며 우월함을 내세우는 자만에 빠졌습니다. 이런 자만이 강해질수록 자신을 드러내어 자신의 존재 가치를 드러내고 싶은 집착도 강해졌습니다. 그래서 자신의 잘난 부분을 과시하거나 자신이 한 공헌이나 잘한 일을 드러내면서 인정과 칭찬에 목말라 더 열심히 했습니다. 그러다가 남들이 그렇게 노력하는 자신을 알아주지 않으면 실망하고 화를 냈습니다.

역으로 자신이 병들고 추하고 어리석고 나쁜 일을 많이 할 때는 '나는 저열하고 형편없다.'라고 생각하는 열등감을 내세우는 자만에 빠져서 스스로 자책하고 평가 절하했습니다. 그리고 남들이 자신의 저열한 모습을 알면 어쩌나 전전긍긍했으며 타인의 부정적인 평가 하나에도 자신의 존재 자체가 부정당한다고 생각하며 많이 괴로워하였습니다.

이렇게 자만이 강하다 보니 다른 사람이 자신을 어떻게 보는지 항상 신경 써야 했습니다. 그런데 타인의 반응은 자신이 통제할 수 있는 일이 아니었기에 항상 불안하고 괴로워서 화를 냈습니다.

더구나 자만이 강하니 타인과의 경쟁 심리도 강했습니다. 우월감에 빠져 있을 때는 자신을 더 드러내고 싶었고, 자신보다 못하다고 생각하는 사람은 아래로 보며 동정했습니다. 열등감에 빠져 있을 때는 열등한 자신을 보호하기 위해서 자신보다 뛰어난 타인에게 강한 경쟁심을 보이며 그 사람을 질투하고 흠을 잡았습니다. 이같이 자신이 총명하고 유익한 행위를 할 때는 '내가 우월하다.'라고 자만하였고, 어리석고 해로운 행위를 할 때는 '나는 저열하다.'라고 자만하였습니다. 이렇게 그는 상황의 변화에 따라 자신의 존재 가치 자체가 수시로 하늘로 치솟고 땅으로 꺼지기를 반복하다 보니 삶에 안정감이 없고 항상 불안하여 사는 것이 힘겹게 느껴졌고 항상 화를 낸 것입니다.

하지만 그 수행자는 불법佛法을 만나 바른 수행을 실천하면서 세상에 있는 모든 현상은 물질과 정신의 결합일 뿐이고, 물질과 정신은 조건에 의해 생긴 것이므로 무상하고, 무상한 것에는 내 것, 나, 나의 자아라 할 만한 실체가 없다는 지혜가 조금씩 생기기 시작했습니다. 이와 같은 지혜가 생기기 시작하면서 자신의 몸과 마음을 내 것, 나, 나의 자아라고 잘못 아는 어리석음이 버려지기 시작하고, 자만도 누그러지기 시작했습니다. 그는 자신의 건강, 외모, 뛰어남과 저열함, 유익한 행위와 해로운 행위 등이 단지 조건 따라 일어난 물질과 정신일 뿐이고, 그것들은 무상하고 괴로움이며, 무상하고 괴로움인 것들은 내 것, 나, 나의 자아가 아니므로 무아임을 알게 되었습니다. 이와 같은 무아의 통찰을 통해 자신의 모습을 '뛰어난 나'라 집착하며 우월감을 내세우는 자만이나, '저열한 나'라고 자학하며 열등감을 내세우는 자만이 사라지기 시작했습니다.

그와 더불어 타인의 칭찬도 자신이 행한 유익하고 좋은 행위들에 대하여 타인이 좋게 반응하는 것이지, '우월한 존재'라는 실체가 있는 것이 아니며, 타인의 비난 역시 자신이 행한 나쁘고 해로운 행위들에 대하여 타인이 비난하는 방식으로 반응하는 것이지 '저열한 존재'라는 실체가 있는 것이 아님을 분명히 알았습니다. 그리고 자신의 행위와 관계없이 타인의 오해나 질투, 어리석음, 번뇌 등을 조건으로 자신에 대한 비난이 일어날 수도 있는데 이와 같은 비난은 그 사람의 몫일 뿐 자신이 상관할 일이 아님도 분명히 알았습니다.

이렇게 세상의 모든 현상이 조건을 의지해서 발생하므로 그것들은 무상하고 괴로움이며, 무상하고 괴로움인 것은 무아라는 지혜가 생기기 시작하면서 그는 자신을 내세우는 자만이 사라지고, 그로 인해 자만을 기반으로 일어나는 화도 사라지게 되었습니다.

이렇게 자만과 화가 사라지게 되니 타인의 칭찬과 비난도 조건 따라 일어난 현상일 뿐이므로 타인의 인정과 칭찬이 있으면 좋겠지만 없어도 상관없게 되었습니다. 비판과 비난도 현명한 사람들의 말이면 귀담아듣고 반성하며 배우면 되고, 어리석은 사람들이 자기 번뇌를 표출한 말이면 무시하면 된다는 것도 알게 되었습니다. 또 그는 '고정된 나', '자아' 따위가 없음을 알게 되면서 자기 존재감을 드러내기 위해 타인에게 우습게 보이지 않아야 한다며 전전긍긍할 필요가 없어졌고 결국 인간관계도 한결 편해졌습니다. 그리고 그가 해야 할 일은 몸과 마음을 있는 그대로 받아들이고 수용하면서 해로운 마음은 버리고 유익한 마음을 계발하려고 노력하는 것뿐임을 분명히 알게 되었습니다. 이와 같은 사실을 깨닫게 되자 삶이 한결 단순하고 편안해졌습니다.

사견과 화

사람들은 자신이 본 것, 들은 것, 경험한 것, 배운 것, 생각한 것을 토대로 견해를 만듭니다. 그런데 사람들은 이렇게 형성된 견해를 객관적으로 여러 방면에 철저히 검증하지 않은 채 자신의 견해가 옳다고 집착하는 경우가 많습니다. 검증되지 않은 견해, 사실과 다른 견해, 진리가 아닌 견해를 사견이라고 하는데 이런 사견은 항상 집착이 함께합니다. 이렇게 사견에 집착하는 사람은 자기 견해가 검증되지 않았음에도 불구하고 자신만이 옳다고 생각합니다. 그래서 다른 사람이 자신과 다른 견해를 제시하면 자신이 공격을 받는다고 생각하여 상대를 공격하면서 화를 냅니다. 단지 자신과 다른 의견이 제시된 것일 뿐인데도 자신을 공격했다고 생각하고 자존심이 상하여 화를 내는 것입니다. 실제 인간관계에서 견해의 차이로 인해 다툼이 일어나는 일이 가장 흔합니다. 이처럼 사견에 집착하는 것은 화의 주된 원인이 됩니다. 그러면 사견이 어떻게 화를 불러일으키는지 예를 들어 간단히 살펴보겠습니다.

사견을 조건으로 화가 일어난다

먼저 자신의 업과 업의 결과 또는 원인과 결과가 없다고 주장하는 견해, 즉 인과를 부정하는 견해는 대표적인 사견입니다. 마치 씨앗이 물, 거름, 햇빛 등의 조건이 성숙하면 열매를 맺는 것처럼, 자신이 지은 업도 조건이 성숙하면 반드시 그것의 결과가 일어나게 합니다. 지혜와 자비 등을 바탕으로 짓는 유익한 업은 좋은 결과가 일어나게 하고, 탐욕과 성냄 등을 바탕으로 짓는 해로운 업은 나쁜 결과가 일어나게 합니다. 이것이 인과응보이고, 정견正見, 즉 바른 견해입니다.

하지만 인과를 부정하는 사견에 집착하는 사람은 아무리 나쁜 업을 짓는다고 해도 아무 문제가 없다고 생각합니다. 그래서 자신의 이익에 반하는 사람은 누구라도 화를 내면서 거짓말, 이간질, 폭력, 살인, 테러 등을 아무런 죄책감이 없이 저지릅니다. 또 자신에게 일어나는 나쁜 일들이 자신의 어리석음으로 인해 지은 해로운 업 때문에 일어난 것이라는 사실을 전혀 인정하지 않습니다. 자신은 잘못한 일이 없고 자신에게 일어난 나쁜 일들은 세상과 다른 사람 때문이라고 세상 탓과 남 탓을 하면서 분노를 일으킵니다. 이런 분노는 세상과 남에게 무분별한 폭력을 가하거나 살인을 저지를 수도 있는 매우 위험한 마음입니다. 이처럼 인과를 부정하는 사견은 매우 위험하고 화의 원인이 됩니다.

한편 세상일은 이미 다 결정되어 있다고 주장하는 숙명론宿命論도 사견입니다. 이런 사견을 가지는 것도 화의 원인이 됩니다.

사람들은 세상일이 숙명적이어서 변화의 희망이 없다고 느끼면 분노와 무기력함에 빠지게 됩니다. 사견이 화를 불러일으키는 것입니다. 실제 요즘은 부모님의 재산의 정도에 따라 자식들의 운명이 정해져 있어서 가난하게 태어난 사람은 아무리 노력해도 부자가 될 가능성이 없다고 생각하는 견해가 만연합니다. 이렇게 현대 사회가 계층이 고착되어 가는 측면이 있지만 항상 그렇지는 않습니다. 세상의 모든 일은 조건을 의지해서 일어나므로 조건이 사라지면 결과도 사라지기 마련입니다. 그래서 세상의 모든 일은 영원하지 않습니다. 이것이 바른 견해입니다. 아무리 부자로 태어났더라도 자만해서 방만하게 살다 보면 가난해질 수 있고, 가난하게 태어났더라도 좌절하지 않고 바르게 열심히 노력한다면 부자가 될 수 있습니다.

이렇게 조건이 바뀌면 현재의 모습도 변할 수밖에 없습니다. 아무리 자신이 어렵고 힘든 상황이라도 올바른 방향으로 조건을 변화시키면 상황은 언제나 긍정적으로 바뀔 수 있다는 바른 견해를 믿고 현재 자신이 실천할 수 있는 일을 찾아 바르게 열심히 노력해야 합니다. 그러면 상황이 점차 좋은 방향으로 변하고 좋은 결과가 일어날 것입니다. 세상의 모든 것은 조건을 의지해서 일어나므로 누구나 바르게 노력하여 바른 조건을 성숙시키면 좋은 결과가 일어날 수밖에 없습니다. 숙명론과 같은 사견을 가지고 살면 자신이 무기력해질 뿐 아니라 남과 세상을 원망하고 분노하면서 살아가게 될 것입니다. 하지만 원인과 결과가 있다는 바른 견해를 가지면 바르게 노력하여 조건을 바꿈으로써 자신의 삶을 훨씬 더 나은 방향으로 바꿀 수 있습니다.

정견이 생기면 사견이 버려진다

사견을 조건으로 화가 일어난다면 사견은 어떻게 버릴 수 있을까요? 기본적으로 사견은 탐욕을 뿌리로 일어나고 탐욕은 어리석음을 뿌리로 일어나므로 결국 어리석음을 조건으로 일어납니다. 그래서 사견이 어떤 어리석음을 조건으로 일어나는지 조사하면 됩니다. 기본적으로 이때의 어리석음은 바른 견해에 대한 무지를 말합니다. 실제 바른 견해를 모르기 때문에 사견이 일어나는 것입니다. 그러면 여기서 말하는 어리석음과 바른 견해란 무엇일까요?

먼저 바른 견해는 자신이 옳다고 생각하는 견해가 아니라 네 가지 진리에 대한 지혜를 뜻합니다. 자신이 옳다고 생각하는 견해는 철저하게 검증되기 전까지 틀릴 수 있으므로 그것을 고집해서는 안 됩니다. 하지만 완전한 깨달음을 얻은 붓다께서 존재들이 자신의 괴로움을 소멸할 수 있도록 도와주기 위해 체계적으로 설한 네 가지 진리, 즉 사성제는 수천 년 동안 지혜로운 이들에게 검증된 견해이므로 그것이 신뢰할만한 바른 견해라고 할 수 있습니다. 그래서 정견, 즉 바른 견해는 한마디로 사성제에 대한 지혜를 말합니다. 다시 말해서 바른 견해는 괴로움의 성스러운 진리인 고성제에 대한 지혜, 괴로움이 일어남의 성스러운 진리인 집성제에 대한 지혜, 괴로움의 소멸의 성스러운 진리인 멸성제에 대한 지혜, 괴로움의 소멸로 인도하는 도 닦음의 성스러운 진리인 도성제에 대한 지혜를 말합니다.

좀 더 부연해서 설명하면 고성제에 대한 지혜란 존재

의 실상은 물질이나 정신일 뿐이며, 그것들은 조건에 의해 생겨났으므로 무상하고, 무상한 것은 괴로움이며, 무상하고 괴로움인 것은 나의 것, 나, 나의 자아가 아니라고 통찰하는 지혜입니다. 그래서 고성제는 철저히 알아야 할 진리라고 말합니다.

집성제에 대한 지혜는 탐욕, 성냄, 어리석음을 조건으로 괴로움이 일어난다고 통찰하는 지혜입니다. 그래서 집성제는 버려야 할 진리라고 말합니다.

멸성제에 대한 지혜는 탐욕, 성냄, 어리석음의 완전한 소멸이 괴로움의 소멸이라고 통찰하는 지혜입니다. 그래서 멸성제는 실현해야 할 진리라고 말합니다.

도성제에 대한 지혜는 탐욕, 성냄, 어리석음을 소멸하는 도 닦음이 팔정도, 즉 바른 견해, 바른 사유, 바른 말, 바른 행위, 바른 생계, 바른 정진, 바른 기억, 바른 삼매라고 통찰하는 지혜입니다. 그래서 도성제는 닦아야 할 진리라고 말합니다.

이처럼 바른 견해가 사성제에 대한 지혜라면 어리석음은 사성제에 대한 무지를 뜻합니다. 다시 말해서 고성제에 대한 무지, 집성제에 대한 무지, 멸성제에 대한 무지, 도성제에 대한 무지가 바로 어리석음입니다. 따라서 바른 견해, 즉 사성제에 대한 지혜를 계발하면 어리석음을 버릴 수 있고, 어리석음이 버려지면 사견이 사라지게 됩니다.

예를 들어 몸을 '자아'라고 집착하는 사견이 일어났다고 합시다. 이때 고성제에 따르면 몸은 물질이고, 물질은 무상하고 괴로움이며 무아입니다. 그러므로 이 경우는 고성제에 대한 어리석음을 조건으로 사견이 일어난 것입니다. 따라서 고성제를 통찰하면 어리석음이 사라지고, 그로 인해 몸을 자아라고 집착하는 사견을 버릴 수 있습니다.

또 탐욕이나 성냄은 해롭지 않다고 집착하는 사견이 일어났다고 합시다. 이때 집성제에 따르면 탐욕과 성냄은 괴로움이 일어나게 하는 해로운 마음입니다. 그러므로 이 경우는 집성제에 대한 어리석음을 조건으로 사견이 일어난 것입니다. 따라서 집성제를 통찰하면 어리석음이 사라지고, 그로 인해 탐욕이나 성냄이 해롭지 않다고 집착하는 사견을 버릴 수 있습니다.

또 감각적 욕망을 즐기는 것이 완전한 행복인 열반이라고 고집하는 사견이 일어났다고 합시다. 멸성제에 따르면 감각적 욕망과 더불어 존재에 대한 욕망의 완전한 소멸이 괴로움의 소멸이고, 완전한 행복인 열반입니다. 그러므로 이 경우는 멸성제에 대한 어리석음을 조건으로 사견이 일어난 것입니다. 따라서 멸성제를 통찰하면 어리석음이 사라지고, 그로 인해 감각적 욕망을 즐기는 것이 완전한 행복이라고 집착하는 사견을 버릴 수 있습니다.

또 지혜와 자애는 유익하지 않다고 집착하는 사견이 일어났다고 합시다. 이때 도성제에 따르면 자애는 성냄이 없는 마음이고, 지혜는 어리석음이 없는 마음이므로 자애와 지혜는 괴로움을 소멸할 수 있도록 도와주는 매우 유익한 마음입니다. 그러므로 이 경우는 도성제에 대한 어리석음을 조건으로 사견이 일어난 것입니다. 따라서 도성제를 통찰하면 어리석음이 사라지고, 그로 인해 자애와 지혜가 유익하지 않다고 고집하는 사견을 버릴 수 있습니다.

이같이 바른 견해, 즉 사성제에 대한 지혜를 계발함으로써 어리석음을 버릴 수 있고, 어리석음이 버려지면 사견을 버릴 수 있습니다.

사견으로 인해 생긴 화를 극복한 수행자

한 여자 수행자가 있었습니다. 그녀는 어린 시절에 어른들은 대부분 유능하고 인품 좋으며 다른 사람을 잘 돌볼 줄 아는 사람이라고 기대해 왔습니다. 매일을 가족의 보호와 미성년자로서의 의무 아래에서 지내왔기에 성년이 가지게 될 '어른의 자유와 책임'은 마치 미성년의 답답함을 모두 해결해 줄 것으로 생각했던 탓입니다. 그러나 그녀가 사춘기에 접어들 무렵 다시 보게 된 어른들의 삶은 탐욕스럽고 갖고 싶은 것들을 얻기 위해선 타인에게 상처를 내는 데에 망설이지 않으면서도 그것이 인간 사회라는 생태계의 당연한 이치인 듯 스스럼없는 모습이었습니다. 그러다가도 정작 누군가가 자기의 것을 탐하거나 자신보다 더 나은 것들을 가진 경우를 보면 고통스러워하며 그때에는 생태계의 당연한 이치를 개탄스러워하는 모순된 모습을 보였습니다.

그녀는 어른에 대한 회의를 느끼며 '저렇게 되지 않으려면 어떻게 해야 하지?'라는 고민으로 밤잠을 설쳤고 스스로 도달한 방법이 자기반성이었습니다. 어른들의 행태에 화가 나 비난하던 그녀에게 어머님은 '어른들은 나이가 들수록 자신만의 울타리가 강해져서 반성하지 않는다.'라고 말씀하셨습니다. 그녀는 어머님의 말씀을 듣고 난 후에 만약 그렇다면 그 울타리를 깨는 방법은 자기반성밖에 없다고 생각했습니다. 그로 인해 자기반성을 삶의 좌우명으로 삼았던 것입니다.

그때부터 그녀는 밤에 잠들기 전 하루를 돌아보며 잘 못이나 실수를 하였거나 어딘가 찜찜한 일은 없는지 하루를 훑어보는 일을 시작했고, 십 년쯤 뒤엔 반성하는 행위가 비교적 안정적으로 습관화될 수 있었습니다.

그러다 보니 그녀는 육체적으로 성장을 끝내고 사회적으로 성년이 된다고 해서 정신적으로도 성년이 되는 것은 아님을 알게 되었습니다. 그리고 그녀의 삶 전체를 돌아보면서 인간의 삶에 대해, 실존의 문제에 뛰어들어 자신의 삶을 세상에 빗대어 보며 검증하기 시작했습니다. 그러던 중 그녀는 '세상의 모든 것들은 조건에 의해 형성된 것이므로 소멸하기 마련이니 무상하고, 무상한 것은 소멸하기 마련이므로 불완전하고 불확실하며 불만족스러우니 괴로움의 속성이 있으며 이를 주재하고 통제할 수 있는 내 것, 나, 나의 자아라고 부를 만한 고정불변하는 실체는 없으니 무아이다.'라는 진리의 가르침을 접했습니다. 이때 이 가르침은 개인적인 견해를 기반으로 구도심을 이어오던 그녀의 삶의 한가운데를 관통했고, 그녀는 즉시 바른 견해, 즉 사성제를 기반으로 살겠다고 결심하게 되었습니다.

당시까지는 불교의 역사와 문화에 대해 교과서적 지식 외에는 전혀 알지 못했고, 수행자들의 생리에 대해서도 무지했던 그녀는 '이런 진리를 만난 수행자라면 자신을 돌아볼 줄 아는 사람들일 것이다.', '수행자들은 대부분 아주 모범적일 것이다.', '붓다의 가르침 아래 살아가는 수행자들을 만날 수 있는 수행처에서라면 내가 그리던 지혜로운 어른들을 많이 만날 수 있을 것이다.', '붓다의 가르침을 만나 수행자가 된 사람들이라면 분명 구도심으로 살아갈 것이다.'라는 아주 이상적인 기대를 하면서 수행처에 들어가게 되었습니다. 그러나 그 기대는 채워질 수 없었습니다.

어떤 수행자는 어느 스승에게서 들은 이야기를 자기가 체험한 일인 것처럼 각색하여 남에게 가르치길 좋아했고, 어떤 수행자는 자신의 사소한 번뇌도 다루지 못하면서 색계 초선만 경험하게 되면 모든 번뇌가 사라질 것이라 생각하며 색계 초선의 대상이 되는 '빛'과 같은 경계를 경험하는 것에 집착했습니다. 어떤 수행자는 법에 대해 아는 것은 많으나 자신의 삶에서 활용하지 못했고, 어떤 수행자는 외도의 가르침을 가르치려 들었으며, 어떤 수행자는 자신에게 일어나는 수많은 인간관계의 갈등들이 본인의 행위 때문인지 알지 못하고 늘 남의 탓만 하면서도 정작 스스로는 자신을 성자 혹은 도인이라고 생각하는 듯했습니다.

자신의 행위에 대해 조금의 의심도 없는 듯한 수행자들의 사견과 자만에 그녀는 매일같이 마음속에 성냄이 일어나기 시작했고, 그들 중에서도 유독 견디기 힘든 유형의 사람을 볼 때면 화를 표출하고 싶어지는 강한 충동을 느끼기도 했습니다. 붓다의 가르침대로 살아간다면 이렇게 살아갈 리 없다는 한탄과 함께 수행 기간 내내 그녀는 반복되는 그들과의 만남과 그들을 대상으로 한 자신의 성냄으로 지쳐갔습니다. 그러던 어느 날 그녀는 '사견을 가진 사람은 자신이 사견을 가진 줄도 모른다.'라는 법문을 듣게 되었습니다. 이때 사견과 자만은 서로 의지한다는 말을 듣고 '자만은 아라한이 되어야 소멸하는 번뇌인데 성자의 반열에 들지도 못한 범부凡夫인 내게 없을 까닭이 없지 않은가? 그런데 왜 나는 사견과 자만이 없는 척하고 있는가? 사견이 가득한 사람은 자신이 사견에 사로잡힌 줄 모른다는 이야기가 사실은 내 이야기가 아닐까?' 하고 의문을 품게 되었습니다.

이와 같은 의문을 계기로 그녀는 자신이 가진 자만과

사건에 대해 숙고해 보는 시간을 갖게 되었고, 잠 잘 때를 제외한 대부분의 시간 동안 자신에게 일어나는 여러 마음을 관찰하며 조사하기 시작했습니다. 그렇게 관찰하며 조사해 본 결과 그녀에게 일어나는 주된 마음은 대체로 성냄이었고, 그 성냄의 가장 표면에 드러난 장애를 따라 조사해 보니 '수행자라면 반드시 자기반성을 실천해야 한다.', '자신을 돌아볼 줄 알아야 한다.'라는 견해에 대한 집착에서 비롯된 것이었습니다. 이런 탐욕으로 인해 자신의 견해와 다른 모습에 충돌하고 자신의 견해에 대한 탐욕이 채워지지 않으면서 일어난 화임을 분명히 알게 되었습니다.

더 나아가 그 견해에 대한 탐욕은 '세상의 모든 것은 조건을 의지해서 일어난다. 그래서 사람마다 자라온 환경과 조건이 다르므로 사람들의 견해도 다르게 형성될 수 있다.'라는 연기의 진리에 관한 어리석음으로 인해서 일어난 것임을 분명히 알게 되었습니다.

그녀는 자신에게 자기반성을 가장 중요하게 생각하게 된 자신만의 성장 조건이 있었으며, 그것을 기반으로 지금 그녀의 모습이 형성된 것임을 자각했습니다. 그러함에도 불구하고 그녀는 자신의 조건 따라 일어난 견해를 자신과 동일시하며 '이 생각이 옳다.', '이렇게 하는 것이 옳다.'라며 견해를 세우고 그것에 집착하며 타인을 평가하고 판단하고 화를 낸 것임을 분명히 통찰했습니다. 이는 조건과 연기에 대한 무지였으며, 그로 인해 생긴 자신의 견해에 대한 탐욕을 채우고자 했음을 알게 되자 그녀에게 부끄러움이 밀려왔습니다. 그리고 이같이 자신에게 주로 일어났던 성냄을 조사함으로써 자신이 가진 성냄을 이해하고, 견해에 대한 탐욕을 이해하고, 어리석음을 이해하게 되었습니다. 그러자 자신의 어리석음을 겸허히 수용하게 되고, 존재의 모습을 형성하는 조건에 대한 이해가 전보다 깊어지면서 어리석음이 빛바래고, 견해에 대한 탐욕이 빛바래고, 성냄이 빛바래는 것이 느껴졌습니다. 또한 그녀는 이와 같은 조사의 과정을 통해서 타인의 조건을 이해해 보게 되고 연민하게 되면서 그동안 성냄을 가지고 대처해 왔던 방식을 자애로써 대처하게 됐습니다. 그리고 이런 관점의 변화를 통해 현실 속 많은 관계의 애로사항들이 실제로 사라지게 되었습니다.

더구나 그녀의 마음이 변화하면서 그녀와 관계된 타인의 마음도 역시 변화하게 되는 모습을 보게 되었습니다. 또한 성냄이 점차 빛바래 가는 걸 관찰하면서 성냄조차도 형성된 것이고, 형성된 것들은 소멸하기 마련이므로 무상하고 괴로움이며 무아라는 고성제에 대한 지혜가 체험을 통해 더 깊어지게 되었습니다. 그로 인해 일상 속에서 다른 대상과 접촉하며 마음이 일어날 때 그것을 자신과 동일시하지 않고 단지 작용이 있을 뿐임을 알아차리는 것도 배울 수 있게 되었습니다.

지금까지 화를 버리는 여러 가지 지혜에 대하여 살펴보았습니다. 이러한 지혜를 잊지 말고 기억하여 화가 일어나는 상황마다 적용하는 노력을 기울이다 보면 화를 버리는 지혜를 자기 스스로 체득하게 됩니다. 그런데 화는 오랜 세월 반복되면서 만들어진 마음의 습관이므로 한 번의 노력으로 금방 사라지지 않습니다. 항상 자신의 마음을 관찰함으로써 화를 알아차리고 이해하고 버리는 노력을 지속하면 화를 버리는 지혜가 점점 강하고 예리해지며, 화가 일어나는 시간은 점차 줄어들 것입니다.

화를 버리는 여러 가지 지혜를 단순히 지식으로만 아는 것으로는 부족합니다. 실제 자신의 마음을 관찰하여 화를 알아차린 후에 화를 버리는 자신만의 지혜를 쌓을 수 있도

록 끊임없이 노력하는 것이 중요합니다. 화를 버리는 지혜
는 지식을 기반으로 실제 자신의 마음을 알아차리고 길들이
는 실전 속에서 익혀지는 것이므로 실제 자신의 삶에서 화
를 버리는 지혜를 계발하기 위해 열심히 노력해야 합니다.

3

화를 버리는 수행

01

호흡수행과
마음관찰

마음관찰은 호흡수행의 기반이다

지금까지 화를 버리는 여러 가지 지혜에 대하여 살펴보았습니다. 그런데 앞서 설명했듯이 화는 독립적으로 일어나는 것이 아니라 탐욕이나 어리석음 등의 해로운 마음과 서로 유기적으로 영향을 주면서 일어납니다. 그래서 화를 버리는 수행과 탐욕, 어리석음 등의 해로운 마음을 버리는 수행이 사실상 분리될 수 없습니다. 결국 수행은 해로운 마음을 버리는 일이라 할 수 있습니다. 그런데 해로운 마음은 괴로움이 일어나게 하는 원인이므로 해로운 마음을 버리면 괴로움이 소멸합니다. 따라서 수행은 한마디로 해로운 마음을 버림으로써 괴로움을 소멸하는 일입니다.

그러면 수행에는 구체적으로 어떤 방법들이 있을까요? 불교에서 가장 많이 닦는 방법은 '호흡수행'입니다. 호흡수행은 '들숨과 날숨' 또는 '호흡'만을 알아차림으로써 청정하고 고요하고 집중된 마음인 삼매를 계발하고, 삼매를 기반으로 지혜를 완성하는 수행입니다. 그런데 호흡수행을 통해 삼매를 계발하려면 삼매를 방해하는 장애[nīvaraṇa, 蓋], 즉 감각적 욕망, 성냄, 해태解怠와 혼침昏沈 등을 극복해야 합니다. 여기서 해태와 혼침은 게으르고 무기력한 마음을 뜻합니다.

이런 장애를 극복하기 위해서는 반드시 자신에게 일어나는 장애를 알아차리는 마음관찰이 동반되어야 합니다. 마음을 관찰할 수 있어야 장애가 일어날 때 그것을 알아차린 후 적절한 지혜를 활용하여 버릴 수 있습니다. 그리고 마음관찰을 통해 장애를 버리고 호흡만을 온전하게 알아차릴 수 있게 되면 그 마음을 계속 유지함으로써 삼매에 들 수 있습니다. 이처럼 불교의 호흡수행은 단순히 호흡에만 집중하는 수행이 아니라 마음관찰을 통해서 장애를 버리는 지혜를 닦음으로써 삼매를 계발하는 수행이므로 마음관찰이 기반이 되어야 합니다. 그러면 먼저 마음을 어떻게 관찰하는지에 대하여 살펴보겠습니다.

마음은 어떻게 관찰하는가

세상의 모든 현상은 물질이나 정신으로 이루어져 있습니다. 물질[rūpa, 色]은 땅, 물, 불, 바람, 사람의 몸 등과 같이 형체가 있고 변형되는 특성이 있는 현상을 말합니다. 정신[nāma, 名]은 느낌, 인식, 탐욕, 성냄, 지혜, 마음 등과 같이 형체는 없고 오직 작용만 있는 현상을 말합니다. 그런데 물질은 사람들이 삶에서 늘 경험하는 뚜렷한 대상이므로 물질을 알아차리는 일은 어렵지 않습니다. 하지만 정신, 특히 마음을 알아차리는 일은 쉽지 않습니다. 마음을 관찰하려면 대상이 아니라 '대상을 아는 마음'을 알아차려야 하는데 일반적으로 사람들은 바깥 대상을 분별하는 것에는 익숙하지만, 마음을 알아차리는 일에는 익숙하지 않기 때문입니다. 그래서 마음을 관찰하려면 의도적으로 대상이 아니라 '대상을 아는 마음'을 알아차리기 위해 노력해야 합니다. 그러면 마음을 관찰하기 위해서 꼭 필요한 몇 가지 조건에 대하여 살펴보겠습니다.

첫째, 대상보다는 '대상을 아는 마음'에 관심과 주의를 기울여야 합니다. 바깥 대상에 관심이 많은 사람은 마음을

233

관찰하기가 어렵습니다. 대상보다는 자신의 마음에 더 큰 관심과 주의를 기울여야 자신에게 어떤 마음이 일어나는지 알아차릴 수 있습니다.

둘째, 마음관찰은 기억에 의존함을 알아야 합니다. 마음을 알아차리는 것은 이전에 일어났다가 사라진 마음을 '기억'해서 현재의 마음으로 알아차리는 것입니다. 한순간에 두 가지 마음이 동시에 일어날 수 없으므로 '현재의 마음'을 '현재의 마음'으로 알아차릴 수는 없기 때문입니다. 다시 말해서 이전의 마음이 사라지고 난 후 그것을 기억해서 '이런 마음이 일어났구나.'라고 현재의 마음으로 알아차리는 것입니다. 예를 들어 자신이 우월하다고 생각하는 자만이 일어난 후에야 자신에게 자만이 일어난 것을 기억하고 '자만이 일어났구나.'라고 알아차릴 수 있는 것입니다. 한 가지 주의할 점은 마음이 사라진 후에 그것을 가능하면 빨리 기억해서 알아차릴수록 좋다는 것입니다. 마음이 사라진 후에 그것을 빨리 기억하여 알아차릴수록 그 마음을 좀 더 분명하고 생생하게 이해할 수 있기 때문입니다.

셋째, 해로운 마음과 유익한 마음을 구분하는 지혜인 바른 견해를 기억해야 합니다. 앞서 설명했듯이 해로운 마음은 탐욕, 성냄, 어리석음을 뿌리로 일어나는 마음이고, 괴로움이 일어나게 하는 마음입니다. 반면에 유익한 마음은 탐욕 없음, 성냄 없음, 어리석음 없음을 뿌리로 일어나는 마음이고, 괴로움의 소멸로 인도하는 마음입니다. 이를 분명히 이해해야 해로운 마음은 '해로운 마음'이라 알아차리고 버릴 수 있고, 유익한 마음은 '유익한 마음'이라 알아차리고 계발할 수 있습니다. 그래서 마음을 관찰할 때 자신에게 일어난 마음이 해로운 마음인지, 유익한 마음인지 분명히 알아차리는 것은 매우 중요합니다. 예를 들어 탐욕이 일어났다면 '탐욕이 일어났구나.'라고 알아차려야 탐욕을 버리는 방향으로 노력할 수 있습니다. 또 지혜가 일어났다면 '지혜가 일어났구나.'라고 알아차려야 지혜를 계발하는 방향으로 노력할 수 있습니다. 지금까지 살펴본 몇 가지 점들에 주의를 기울인다면 마음을 잘 관찰할 수 있습니다.

장애를 장애로써 대처하지 말라

호흡수행을 방해하는 대표적인 것들은 감각적 욕망, 성냄,

해태와 혼침 등의 장애입니다. 그런데 보통 사람들은 장애가 일어나는 것을 좋아하지 않으므로 장애가 일어나면 장애가 일어난 것 자체를 싫어하며 화를 냅니다. 예를 들어 '이렇게 탐욕이 많다니 나는 한심한 사람이야.', '이렇게 자주 화를 내는 내가 싫어.', '좌선만 하면 졸음에 빠지는 내가 싫어.'라며 장애에 대하여 화로써 반응합니다. 이렇게 이미 일어난 장애에 대하여 화로써 대처하는 방식은 이미 생긴 장애에 화를 더 보탤 뿐이므로 올바른 대처 방식이 아닙니다. 이와 같은 대처 방식은 장애를 멈추게 하지 못합니다. 오히려 장애가 계속 일어나게 하고 커지게 하는 결과를 초래할 뿐입니다. 마치 첫 번째 화살을 맞은 이후에 두 번째, 세 번째 화살을 계속 맞는 것처럼.

그러므로 이미 일어난 장애에 대해서 다시 화를 내는 것보다 그것에 대처하는 바른 자세를 가다듬는 것이 중요합니다. 사실 장애가 전혀 일어나지 않는 것은 해로운 마음을 완전히 소멸한 아라한이 되어야 가능합니다. 보통 사람들은 상황과 조건이 갖추어지면 장애가 일어날 수밖에 없습니다. 그래서 앞서 설명했듯이 '장애는 해로운 작용은 있지만, 실체는 아니다.' 그러므로 '나는 왜 이렇게 장애가 많을까?', '나는 장애가 많은 사람이야.' 등으로 자신과 장애를 동일시하지 말고 장애로부터 한 걸음 떨어져서 평온한 마음으로 알아차려야 합니다. 마치 영화 속에 일어나는 일들을 구경하듯이. 다시 말해서 장애가 일어났을 때 장애에 대하여 화를 내지 말고 '단지 장애가 일어났구나.'라고 알아차리기만 하면 됩니다.

이렇게 알아차려야 장애를 싫어하는 감정이 개입되지 않고 객관적으로 장애를 통찰할 수 있습니다. 그런 다음 평온한 마음을 기반으로 장애의 특성이나 장애가 일어나는 원인, 장애가 소멸한 마음은 어떤 상태인지, 장애를 버릴 수 있었던 원인은 무엇이었는지 등을 조사할 수 있습니다. 이런 조사 과정을 통해 감각적 욕망, 성냄, 해태와 혼침 등의 장애는 호흡수행에 아무런 도움이 되지 않고 나와 남을 고통스럽게 할 뿐임을 분명히 통찰하는 지혜를 계발하여 장애를 버릴 수 있게 됩니다. 이처럼 장애를 대하는 올바른 자세는 장애와 다투지 않고 장애를 통찰하는 지혜를 계발함으로써 장애를 버리는 것입니다.

결과에 집착하지 말고 조건을 성숙시켜라

호흡수행을 시작하기 전에 수행에 대한 바른 방향을 가다듬는 것이 중요합니다. 호흡수행은 들숨과 날숨을 알아차림으로써 욕망을 내려놓아 청정하고 고요하고 집중된 마음인 삼매를 계발하는 수행입니다.

보통 사람들은 욕망을 동력으로 하여 자신이 원하는 일들을 이루어내므로 욕망을 통해 원하는 일을 이루는 방법은 잘 아는 편입니다. 하지만 욕망을 내려놓음으로써 원하는 결과를 이루는 방법은 배워본 적이 없으므로 잘 알지 못합니다. 그래서 호흡수행을 처음 배울 때 '호흡수행은 욕망을 좇아가는 수행이 아니라 욕망을 내려놓는 수행이다.'라는 점을 잘 이해하지 못하고 여전히 욕망을 좇아가는 수행을 하는 경우가 많습니다. 따라서 호흡수행을 시작할 때 '욕망을 좇아가는 방향'에서 '내려놓는 방향'으로 수행의 관점을 전환하는 일이 무엇보다도 중요합니다.

이와 같은 관점의 전환이 이루어지지 않으면 호흡수행을 아무리 열심히 하더라도 바른 삼매를 얻을 수 없습니다. 왜냐하면 호흡수행을 할 때 욕망이 앞선다면 '왜 빨리 집중이 안 되지?', '왜 빨리 마음이 고요해져서 삼매에 들지 않지?', '왜 장애가 빨리 사라지지 않지?' 하고 화가 일어나기 때문입니다. 화가 나면 화로 인한 생각들이 많이 일어나서 마음은 더 산란해집니다. 그러면 산란함에서 벗어나 삼매를 얻고 싶은 욕망이 다시 일어나게 되고, 그로 인해 다시 화가 일어나는 악순환이 계속될 수밖에 없습니다. 더 나아가 자신의 수행 방향이 잘못된 줄 모르고 '나는 수행과 인연이 없구나.', '수행 방법이 잘못되었어.', '스승의 가르침에 문제가 있다.' 하고 불평하며 수행을 아예 포기할 수도 있습니다.

　따라서 호흡수행을 할 때는 삼매라는 결과에 대한 집착을 내려놓고 그것이 생기는 조건을 성숙시키는 방향으로 바르게 노력해야 합니다. 호흡수행에서 바른 삼매[正定]에 드는 조건은 호흡만 기억하여 알아차리면서 감각적 욕망, 성냄, 해태와 혼침 등의 장애로 인한 생각들이 일어나면 그것을 버리고 다시 호흡만 알아차리는 노력을 지속하는 것입니다. 이와 같은 방식으로 바르게 노력하면서 조건을 성숙시키면 바른 삼매라는 결과는 저절로 일어납니다. 비유하면 사과 열매를 원하는 사람은 결과인 사과에 집착하지 않고, 그저 사과 씨앗을 잘 심고 물을 주고 거름을 주고 풀을 뽑아 주는 등 관리에 만전을 기함으로써 저절로 사과를 얻을 수 있는 것과 같습니다. 이처럼 호흡수행을 할 때는 삼매라는 결과에 집착하지 말고 삼매에 들 수 있는 조건을 성숙시키는 방향으로 지혜롭게 수행해야 합니다. 이렇게 호흡수행의 바른 방향을 정립했다면 지금부터는 마음관찰을 기반으로 어떻게 호흡수행을 닦는지 구체적인 방법을 살펴보겠습니다.

호흡수행의 방법

먼저 호흡수행은 좌선 자세가 기본이 됩니다. 그래서 수행 장소는 가능하면 외부의 자극이 적은 조용하고 안정된 곳, 즉 조용한 빈방이나 한적한 공간, 숲속에 있는 수행처 등을 선택하는 것이 좋습니다. 자세는 좌선이 기본이므로 양쪽 발을 서로 포갠 가부좌跏趺坐, 한쪽 발만 다른 쪽 발 위에 올리는 반가부좌半跏趺坐, 양쪽 발을 모두 내려놓은 평좌平坐 등의 자세를 취하면 됩니다. 만약 몸이 약하거나 연세가 드셔서 세 가지 자세 모두 힘드신 분은 의자에 앉아서 하셔도 됩니다. 다만 좌선 자세가 깨어 있으면서 가장 오래 안정적으로 수행할 수 있는 자세이므로 평소에 연습하여 좌선 자세를 익히시는 것이 좋습니다.

적당한 좌선 자세를 취하셨다면 상체는 곧추세우는 것이 좋습니다. 허리를 곧추세워서 좌선해야 건강에도 좋고 정신을 또렷또렷하게 유지하는 데 도움이 될 수 있습니다. 허리가 굽은 상태로 수행을 하게 되면 졸음도 많이 오고, 허리를 다칠 수 있습니다.

좌선 자세를 취하고 허리를 곧추세웠다면 눈을 감습니다. 눈을 감는 것은 눈을 통해 형색을 봄으로써 일어나는 생각을 멈추게 하는 데 도움이 됩니다. 만약 눈을 감아서 졸음이 온다면 잠시 눈을 떠서 눈에 밝은 빛이 들어오게 해 졸음을 깬 다음 다시 감아도 됩니다.

숨은 입으로 쉬지 말고 코로 쉬어야 합니다. 코로 숨을 쉬면 공기 중의 먼지도 걸러지고 찬 공기도 비교적 따뜻하게 데워져 폐 안으로 들어가므로 건강에도 유익하고 숨도 쉽게 고요해져서 삼매에 들기가 쉽습니다.

이렇게 코로 숨을 쉬되 숨을 의도적으로 통제하지 말고, 자연스럽게 유지해야 합니다. 숨은 자율신경계가 조절하는 작용을 하므로 의도적으로 노력하지 않아도 저절로 숨이 쉬어집니다. 이때 들어오는 숨과 나가는 숨을 단지 알아차리기만 하면 됩니다. 많은 수행 단체에서 복식호흡이나 단전호흡 등을 가르칠 때는 보통 들이쉬는 숨은 짧게 하고, 내쉬는 숨은 최대한 길게 하라고 가르칩니다. 그런데 이렇게 호흡을 통제하는 일은 호흡을 알아차리는 마음과 호흡을 통제하려고 하는 마음을 분산시켜 깊은 삼매를 닦는 일에 오히려 방해됩니다. 만약 다른 곳에서 복식호흡을 오래 닦아 배가 저절로 움직인다면 그것에 관심을 두지 말고 단지 코로 들어오고 나가는 숨만 알아차리면 됩니다.

호흡을 알아차리는 수행을 시작하기 전에 먼저 머리부터 시작해 어깨와 양팔, 몸통, 양다리까지 차례로 훑어가면서 몸에 관해 알아차리는 것이 좋습니다. 이때 몸에 굳어 있는 부분이 있다면 몸을 이완시키면서 몸의 긴장을 풀어 줍니다. 이같이 몸의 상태를 차례로 훑어가면서 알아차리고 몸의 긴장을 풀어 주는 일은 자연스러운 호흡이 드러나는 데 큰 도움을 줍니다. 많은 이들의 몸은 평소 항상 긴장되어 있으며, 특히 호흡과 관련된 근육도 많이 긴장되어 있습니다. 그래서 호흡수행을 할 때 숨이 잘 쉬어지지 않고 가슴이

답답하다고 호소합니다. 그래서 호흡수행을 시작하기 전에 머리부터 양다리까지 몸 전체를 훑어가듯 알아차리면서 몸을 이완시켜 주는 일은 호흡수행에 아주 유익합니다.

이렇게 몸의 긴장을 이완시킨 후에는 바른 견해를 기억하여 수행의 바른 방향을 정리한 후에 호흡수행을 시작하는 것이 좋습니다. 다시 말해서 호흡수행을 하기 전에 '세상의 모든 것은 조건을 의지해서 발생한 것이므로 무상하고 괴로움이며 무아이므로 그것들은 집착할 만한 가치가 없다. 좌선하는 동안만이라도 세상에 관한 관심을 모두 내려놓고 오직 호흡 또는 숨과 하나가 되어 머물겠다.'라고 결심한 후에 호흡수행을 시작하는 것이 좋습니다. 이렇게 결심하는 것은 호흡수행 중에 세상에 관한 관심으로 인해 일어나는 잡다한 생각을 상당히 정리해 주는 효과가 있습니다.

좌선 전에 이같이 결심한 후에는 호흡이라는 대상만 기억하여 그것만 잊지 않고 알려고 노력하면 됩니다. 보통 사람들은 호흡을 알아차릴 때 억지로 집중하려고 하는 경우가 많습니다. 호흡에 억지로 집중하려고 하면 호흡을 알아차릴 때 욕심이 앞서서 지나치게 노력함으로써 몸의 긴장을 많이 유발하게 되고 오히려 수행에 방해가 됩니다.

호흡수행을 빨리어로 '아나빠나사띠ānāpāna-sati'라고 하는데, 들숨과 날숨을 기억하는 수행이라는 뜻입니다. 사람들의 마음은 하나의 대상만 알 수 있습니다. 그러므로 호흡이라는 하나의 대상만 기억하면 마음이 호흡을 알아차릴 수밖에 없습니다. 다시 말해서 호흡만 기억하면 마음은 저절로 호흡만을 알아차리게 됩니다. 이렇게 하면 수행할 때 힘도 훨씬 적게 들고 마음의 긴장도 훨씬 줄어듭니다. 이처럼 호흡을 알아차리는 노력을 할 때 억지로 집중하려 하면서 지나치게 긴장 상태를 높이지 말고 단지 호흡을 잊지 않고 기억할 정도의 긴장 상태만 유지하면 됩니다. 마치 컵을 들고 있을 때 과도한 힘 없이 컵을 놓치지 않을 정도의 힘으로만 들면 되는 것처럼.

호흡을 알아차릴 때는 코안으로 들어오고 나가는 숨을 인중 주위에서 알아차리면 됩니다. 숨은 형체가 있는 것이 아니므로 호흡을 알아차릴 때는 몸의 감각을 이용해야 합니다. 숨은 공기를 말하고, 공기는 물질의 한 형태이므로 공기가 코안으로 들어왔다가 나갈 때는 몸에 자극을 주게 됩니다. 우리 몸에는 이와 같은 공기로 인한 자극 또는 감촉을 알아차리는 감각 기능 또는 센서가 있으므로 그것을 통해 실제 들어오고 나가는 숨을 알아차리면 됩니다. 하지만 숨을 코부터 목구멍, 배까지 따라다니면서 알아차리는 일은 마음이 분산되어 삼매를 계발하는 일에 방해가 됩니다. 그러므로 호흡을 알아차릴 때는 숨을 따라다니지 말고 인중 주위에서 지켜보듯이 알아차리는 게 삼매를 닦는 데 훨씬 효과적입니다. 그렇다고 인중 주위에 한 점을 콕 찍어 집중하려 하는 것은 바람직하지 않습니다. 이런 방식으로 수행하면 너무 긴장하여 혈압이 오르는 상기 증세가 생길 수 있습니다. 그저 인중 주위에서 들어가고 나오는 숨을 알아차리려고 노력하면 됩니다. 인중 주위는 숨이 코안으로 들어오고 나가는 문과 같으므로 인중 주위에 마음을 두고 있어도 들이쉬는 숨과 내쉬는 숨을 알아차릴 수 있습니다. 마치 경비원이 경비실에서 그 앞을 지나는 사람들을 모두 알아차릴 수 있는 것처럼.

그리고 호흡을 알아차릴 때에는 숨에 대하여 생각하지 말고 알아차려야 합니다. 사람들은 보통 대상에 대하여 생각하기를 좋아합니다. 하지만 호흡수행할 때는 그와 같은 생각을 멈추어야 삼매를 계발할 수 있습니다. 숨에 대하여 이런저런 생각을 많이 일으키는 일은 마음이 호흡과 하나가 되는 삼매를 닦는 데 방해가 됩니다. 다시 말해 숨에 대하여 '뜨겁다', '차갑다', '무겁다', '가볍다', '미세하다', '거칠다' 등 분별하는 생각을 일으키지 말고 단지 '숨'이라고만 단순하게 알아차리면 됩니다. 마치 손가락의 움직임을 알아차릴 때 손가락의 모양이나 색깔 등을 분별하지 않고 단지 손가락이라고 알아차리는 것처럼.

더불어 숨의 길이를 조작하지 말아야 합니다. 들이쉬는 숨이 길면 긴 대로, 짧으면 짧은 대로 알아차리고, 내쉬는 숨이 길면 긴 대로, 짧으면 짧은 대로 숨을 알아차리면 됩니다. 이와 같은 방법으로 인중 주위에서 오직 들숨과 날숨만을 알아차리려고 노력하면 됩니다.

장애를 길들여서 삼매에 든다

호흡수행을 할 때 오직 들숨과 날숨만을 알아차리려고 노력할지라도 그 사람의 마음이 잘 길들어져 있지 않으면 그것이 쉽지 않습니다. 이렇게 숨만 알아차리는 것이 어려운 이유는 마음의 장애 때문입니다. 대상에 집착하고 즐기는 특성이 있는 감각적 욕망과 대상을 싫어하고 거부하는 특성이 있는 성냄은 생각이 많이 일어나게 하여 숨만 알아차리는 것을 방해합니다. 마음이 게으르고 무기력해지는 특성이 있는 해태와 혼침은 게으르거나 멍한 상태에 빠지게 하여 숨을 놓치게 합니다.

앞서 이야기한 바와 같이 호흡수행을 할 때 이와 같은 장애를 잘 길들이고 버림으로써 삼매에 들 수 있습니다. 호흡수행을 할 때 숨을 알아차리다가 다른 생각이 일어나는 경우 그것이 감각적 욕망으로 인한 생각인지, 성냄으로 인한 생각인지 알아차려야 합니다. 그런 후에 감각적 욕망이나 성냄을 내려놓으면 생각이 버려지고 다시 숨을 기억하여 숨을 알아차릴 수 있습니다. 예를 들어 수행의 결과에 집착하는 마음으로 인해 생각들이 일어나면 '감각적 욕망으로 인한 생각'임을 알아차린 후 그것을 내려놓고, 다시 숨을 기억하여 숨을 알아차리면 됩니다. 또 수행이 따분해져서 다른 생각이 일어났다면, 따분함은 어떤 상태를 싫어하는 성냄의 형태이므로 '성냄으로 인한 생각'임을 알아차린 후 그것을 내려놓고, 다시 숨을 기억하여 숨을 알아차리면 됩니다. 만약 일어난 생각들이 너무 사소하고 잡다하여 어떤 장애를 기반으로 일어나는지 파악하는 것 자체가 성가 실 때는 단순하게 '망상妄想이 일어났구나.'라고 알아차리고 다시 숨을 기억하여 숨을 알아차려도 됩니다. 반면에 숨이 없어지면서 생각이 없고 멍하고 무기력한 상태에 빠져들면 '해태와 혼침에 빠졌구나.'라고 알아차린 후 정신을 차려서 해태와 혼침을 버리고 숨을 다시 기억해 숨을 알아차리면 됩니다.

이렇게 다른 대상으로 생각이 움직이거나, 생각은 없지 만 멍한 상태에 빠지는 것이 어떤 장애를 기반으로 하는지 알아차리는 과정에서 자신에게 자주 일어나는 장애의 형태 나 마음의 습성 등을 통찰할 수 있고, 그와 같은 장애를 버리 는 지혜도 계발할 수 있습니다. 이렇게 장애를 버리는 지혜 가 계발되면 삼매를 방해하는 장애가 사라지게 되면서 자연 스럽게 호흡과 하나가 돼 삼매에 들 수 있습니다.

이처럼 호흡수행은 단순히 삼매만 계발하는 수행이 아 니라 자신에게 일어나는 감각적 욕망, 성냄, 해태와 혼침 등 의 장애를 알아차리고 그것을 버리는 지혜까지 함께 계발하 는 수행입니다. 이와 같은 지혜를 바탕으로 장애를 내려놓 음으로써 계발된 삼매를 '바른 삼매'라고 합니다.

잡다한 생각을 움직이게 하는 동력인 감각적 욕망이
나 성냄, 해태와 혼침 등의 장애를 알아차릴 때 주의할 점은
장애 요소를 자신과 동일시하지 않는 것입니다. 장애 요소
는 조건을 의지해서 생겨난 법이므로 무상하고, 무상한 것
은 변하지 않는 실체가 있거나 고정된 내 모습이 아닙니다.
그러므로 장애 요소를 자신과 동일시하여 '나는 왜 이리 못
났을까?', '왜 내게는 탐욕이나 성냄이 많이 일어날까?'라는
식으로 그것을 거부하고 싫어하지 말고, 단지 '장애가 일어
났구나.'라고 알아차리기만 하면 됩니다. 이미 일어난 장애
를 자신과 동일시하면서 거부하고 싫어하면 성냄이라는 또
다른 장애가 일어나는 것이지만, 장애를 알아차리고 그것을
버리는 지혜를 계발하면 장애를 통해 지혜가 계발되는 것입
니다. 이처럼 장애가 일어날 때 그것에 어떤 방식으로 대처
하느냐에 따라서 걸림돌이 될 수도 있고, 디딤돌이 될 수도
있습니다.

장애가 일어날 때 장애를 버리는 지혜에는 어떤 것들
이 있을까요? 그것들을 모두 설명할 수는 없으므로 여기에
서는 호흡수행 중에 일어나는 장애를 버리는 대표적인 지혜
두 가지만 소개하겠습니다. 이 두 가지만 잘 이해해도 호흡

수행을 할 때 매우 유용하게 활용할 수 있습니다.

첫째, 장애가 괴로움이 일어나게 하는 해로운 법임을 통찰하는 지혜입니다. 장애는 바른 삼매를 방해할 뿐만 아니라 삶의 경험을 통해 숙고해 보더라도 과거에도 우리를 괴롭게 했고, 현재에도 우리를 괴롭히고 있고, 미래에도 우리에게 괴로움을 가져오는 해로운 마음임을 이해할 수 있습니다. 이처럼 장애가 해로운 마음임을 분명히 아는 지혜를 통해 장애를 버릴 수 있습니다. 마치 절벽이 매우 위험함을 분명히 안 사람은 그 근처에도 절대 가지 않는 것처럼.

둘째, 세상의 모든 현상이 무상하고 괴로움이며 무아임을 통찰하는 것입니다. 수행 중에 잡다한 생각이 일어날 때 그 생각과 다툴수록 생각은 더 늘어나고 확산됩니다. 그러니 그것과 다투려 하지 말고 단지 무상함을 이해하십시오. '생각들은 무상하므로 내가 사라지라고 하지 않아도 사라지게 되어 있다.'라고 통찰하고 생각에 관여하지 않은 채 내버려 두면 생각은 저절로 사라집니다. 혹은 세상의 모든 것은 괴로움임을 이해하십시오. 세상의 모든 현상은 무상하므로 불확실하고 불만족스러우며 괴로움의 속성이 있다는 것을 통찰하면 세상의 현상에서 행복이나 즐거움을 찾으려는 노력을 그만두게 되고 세상사에서 관심이 멀어지게 됩니다. 이렇게 세상에 관한 관심이나 애착이 없어지게 되면 세상사에 관한 생각은 저절로 버려지게 됩니다.

혹은 세상의 모든 것은 무아임을 이해하십시오. 세상의 모든 것은 무아이므로 내 마음대로 통제하거나 제어하는 것은 불가능합니다. 많은 분들은 아직 초심자여서 삼매와 지혜의 힘이 약할 때 장애 요소로 인한 잡다한 생각이 일어나는 것은 어찌 보면 당연합니다. 그래서 잡다한 생각이 일어날 때 '이런 생각이 일어나지 않기를, 이런 생각이 사라지기를!' 등 그것들을 통제하려고 시도하지 마십시오. 단지 장애로 인한 생각들은 내 것이 아니고 통제할 수 없으므로 그것들은 자신들의 일을 하게 내버려 두고 여러분들은 다시 숨을 기억하여 숨을 알아차리면 됩니다.

이처럼 무상의 지혜 또는 괴로움의 지혜 또는 무아의 지혜를 활용하는 것은 장애로 인한 생각을 버리는 데 큰 도움이 됩니다.

지금까지 설명한 방법을 써도 잡다한 생각이 멈추지 않고 계속될 때는 임시로 보조 수단을 쓸 수 있습니다. 먼저 들숨과 날숨을 알아차린 후에 하나, 들숨과 날숨을 알아차린 후에 둘, … 이런 방식으로 숫자를 하나부터 열까지 세고, 다시 하나부터 열까지 세는 것을 계속 반복합니다. 이렇게 숫자를 세면서 그 숫자를 잊지 않으려고 하는 노력은 마음이 숨과 하나가 되는 데 도움이 됩니다. 혹은 들이쉬는 숨에는 '들숨', 내쉬는 숨에는 '날숨'이라고 이름을 붙이거나, 들이쉬는 숨에는 '붓', 내쉬는 숨에는 '도'라고 이름을 붙이는 것입니다. 이렇게 들숨과 날숨에 이름을 붙이는 것도 마음이 숨과 하나되는 데 도움이 됩니다. 이와 같은 두 가지 중 하나를 활용하여 호흡수행 중의 잡다한 생각이 줄어들고, 호흡을 잊지 않고 잘 알아차릴 수 있으면 그때는 구태여 숫자를 세거나 이름을 붙이는 것을 그만두고 오직 숨만 알아차리는 원래 방식으로 수행하면 됩니다.

호흡수행 그리고 반조

지금까지 설명한 호흡수행을 간단히 정리해 봅시다.

먼저 적당한 좌선 자세를 취하고 호흡수행을 시작하기 전에 자신의 몸을 머리부터 발까지 차례로 훑어가면서 몸의 긴장을 풀어 줍니다. 그런 다음 세상의 모든 것은 무상하고 괴로움이며 무아이므로 세상의 모든 일에 관한 관심은 내려 놓고 오직 숨만을 알아차리겠다고 결심합니다. 이렇게 결심 한 후에 숨만 알아차리려고 노력하다가 아직 마음이 길들지 않아서 숨에만 머물지 못하고 잡다한 생각이 움직일 때는 그것이 감각적 욕망으로 인한 생각인지 성냄으로 인한 생각 인지 알아차리고, 내려놓고, 호흡으로 돌아옵니다. 너무 사 소하고 잡다한 생각인 경우는 '망상'이라고 알아차리고 내 려놓은 채 호흡으로 돌아오면 됩니다. 반면 생각은 없는데 숨을 놓치고 멍한 상태라면 해태와 혼침에 빠졌음을 알아차 리고 다시 호흡을 기억하여 호흡을 알아차립니다.

　이렇게 수행하다 보면 장애를 버리는 지혜가 생겨나 고, 이와 같은 지혜의 힘으로 장애가 버려지면서 장애로 인 한 생각이 멈추며, 마음과 숨이 하나가 되어 머물 수 있습니 다. 이렇게 숨과 마음이 하나가 되면 고요하고, 평온하고, 집 중되어 있고, 행복한 마음 상태가 되는데 이것에 대하여 마 음이 들뜨거나 그것에 집착하여 '이 상태가 영원히 지속하 기를!' 등 욕망을 일으키지 말아야 합니다. 들뜸이나 탐욕 은 오히려 고요한 마음이 계속되는 것을 방해하기 때문입니다. 이때는 다른 무엇인가를 하려고 애쓰지 말고 단지 그 상태를 유지하려고 노력하면 됩니다. 그러다 보면 자연스럽게 삼매에 들 수 있습니다.

그리고 일정한 시간 동안 좌선 수행이 끝나고 난 후에는 자신의 수행을 점검하는 반조反照의 시간을 반드시 가지는 것이 좋습니다. 다시 말해서 좌선 수행을 하는 동안에 어떤 장애들이 일어났는지, 장애를 어떻게 버리고 예방했는지, 어떻게 삼매를 계발했는지, 어떻게 삼매를 유지했는지 등에 대하여 반조합니다. 예를 들어 '이번 좌선 시간에는 빨리 삼매에 들고 싶은 욕망으로 인해 생각이 많이 일어났다. 이때 결과에 집착하지 말고 조건이 성숙해야 한다는 가르침을 기억하면서 결과에 집착하는 욕망을 내려놓고 단지 호흡을 알아차리는 방향으로 조건이 성숙하게 하니 오히려 쉽게 삼매에 들 수 있었다. 이를 통해 감각적 욕망은 분명히 호흡수행을 방해하는 장애이고, 그것을 버림으로써 삼매에 들 수 있다는 가르침을 분명히 이해하게 되었다.'라는 식으로 반조할 수 있습니다.

이와 같은 반조의 과정을 통해 장애 요소를 버리는 지혜와 장애를 예방하는 지혜가 계발되고, 더 나아가 삼매에 드는 지혜와 삼매를 유지하는 지혜 등을 계발할 수 있습니다.

　이런 반조의 과정이 없다면 수행이 잘될 때와 잘되지 않을 때의 원인, 조건을 파악하기 어렵습니다. 그렇게 되면 수행이 잘될 때는 그저 좋고 행복하다는 경험만 남고, 수행이 잘되지 않을 때는 수행에 대해 싫고 괴롭다는 경험만 남게 될 뿐입니다. 그러면 장애를 어떻게 길들여서 그것을 버리고 바른 삼매를 계발할 수 있는지에 대한 지혜를 계발하기가 어렵습니다. 그래서 좌선 수행이 끝난 후에는 반드시 일정 시간 동안 자신의 좌선 수행을 돌아보며 반조하는 것이 좋습니다.

　이처럼 호흡수행과 반조를 잘 실천하면서 끊임없이 노력하다 보면 감각적 욕망, 성냄, 해태와 혼침 등의 장애를 길들이는 지혜가 점점 강해집니다. 지혜가 강해질수록 점차 장애가 버려지고, 그로 인해 장애로 인한 생각들도 사라집니다. 장애로 인한 생각들이 사라지면 마음은 청정하고, 고요하고, 집중되면서 '장애가 버려짐으로 인해 생긴 희열과 행복'이 충만합니다. 이와 같은 희열과 행복이 충만해지면 호흡을 알아차리는 수행이 너무나 행복해져서 오랜 시간 호흡과 하나가 돼 삼매에 머물 수 있게 됩니다. 이와 같은 삼매가 강해지고 오래 계속되다 보면 호흡에 완전히 몰입된 삼매인 선정[jhāna, 禪定]에도 들 수 있게 되고, 선정을 기반으로 지혜를 계발한다면 깨달음의 지혜가 생길 수도 있습니다. 이것이 호흡수행을 통해 얻을 수 있는 가장 큰 이익입니다.

걷기수행과 일상수행 그리고 반조

사람들이 항상 좌선만 할 수는 없으므로 걸으면서 수행하는 '걷기수행'과 일상생활 속에서 수행하는 '일상수행'에 대하여도 간단히 살펴보겠습니다.

걷기수행도 기본적으로는 좌선을 통해 닦는 호흡수행과 그 방식은 같습니다. 단지 걷기수행에선 알아차림의 대상이 '호흡' 또는 '들숨과 날숨' 대신에 '발의 움직임'이나 '발의 감촉'으로 전환되는 것만 다릅니다. 간략히 설명하면 걷기수행을 하기 전에 먼저 세상의 모든 것에 관한 관심을 내려놓고 발의 움직임이나 감촉에 마음이 하나가 되겠다고 결심합니다. 이와 같은 방식으로 결심한 후에 걷기수행을 하면서 발의 움직임이나 감촉만을 알아차리다가 생각이 움직이면 '어떤 장애 요소를 바탕으로 일어나는 생각인지 알아차리고' 현재의 발의 움직임이나 감촉으로 돌아옵니다.

이같이 노력하다가 걷기수행이 향상되어 생각이 움직이지 않고 마음이 발의 움직임이나 감촉에 잘 집중되어 있으면 다른 무엇인가를 하려고 애쓰지 말고 그 상태를 잘 유지하려고 노력하면 됩니다.

호흡수행 때와 마찬가지로 걷기수행이 일단락되고 나면 걷기수행을 실천하는 동안에 어떤 장애들이 일어났는지, 어떻게 했을 때 발의 움직임이나 감촉에 마음이 하나가 되어 머물 수 있었는지를 반조합니다. 이런 반조의 과정을 통해 장애 요소를 버리고 예방하는 지혜와 삼매에 드는 지혜와 삼매를 잘 유지하는 지혜를 계발할 수 있게 됩니다.

걷기수행을 좀 더 확장하면 일상수행이 됩니다. 일상수행은 알아차림의 주된 대상을 '호흡'이나 '발걸음' 대신 '일상에서 현재 일어나는 가장 뚜렷한 몸의 행위'로 전환하면 됩니다. 밥을 먹을 때는 잡다한 생각 없이 밥만 먹으려고 노력하고, 일할 때는 잡다한 생각 없이 일만 하려고 노력하고, 들을 때는 잡다한 생각 없이 듣기만 하려고 노력하고, 말을 할 때는 잡다한 생각 없이 말만 하려고 노력하면 됩니다. 이렇게 수행하다가 생각이 움직이면 어떤 장애를 기반으로 일어난 생각인지 알아차리고 내려놓은 후에 현재 가장 뚜렷한 몸의 행위로 돌아오면 됩니다. 만약 생각이 움직이지 않고 현재 가장 뚜렷한 몸의 행위와 마음이 하나가 된다면 무엇인가를 하려고 애쓰지 말고 현재 행위를 그대로 유지하려고 노력하면 됩니다.

호흡수행이나 걷기수행 때와 마찬가지로 일상수행이 일단락되고 나면 수행을 실천하는 동안에 어떤 장애들이 일어났는지, 어떻게 현재 가장 뚜렷한 몸의 행위와 마음이 하나가 된 삼매에 머물 수 있었는지를 반조하면 됩니다.

지금까지 간단히 살펴본 좌선 수행, 걷기수행, 일상수행을 병행하며 잘 실천한다면 건강을 해치지 않고 균형을 잘 유지하면서 수행할 수 있습니다. 더구나 수행 과정을 통해 감각적 욕망, 성냄, 해태와 혼침 등 괴로움이 일어나게 하는 장애를 버리는 지혜를 계발할 수 있고, 그 지혜를 바탕으로 고요하고 청정하고 집중된 마음인 삼매를 계발할 수 있습니다. 더 나아가 이와 같은 삼매를 기반으로 세상에 있는 현상들을 있는 그대로 통찰함으로써 더 예리하고 깊은 지혜를 계발할 수 있습니다. 이처럼 삼매와 지혜는 서로 도와주는 관계입니다.

이상으로 호흡수행, 걷기수행 그리고 일상수행을 닦는 방법에 대하여 간략하게 알아보았습니다. 이와 같은 수행 방법을 잘 실천하여 삶 속에서 겪게 되는 괴로움을 버리고 완전한 행복을 실현하는 일에 도움이 되길 바랍니다.

○ 스마트폰 카메라로 QR 코드를 비추면 일묵 스님의 '호흡수행, 걷기수행' 강의 영상을 시청하실 수 있습니다.

02

자애수행

개인에 대한 자애수행

앞서 화를 버리는 다양한 방법에 대하여 살펴보았습니다. 그중에서 자애를 계발하는 수행은 화를 버리는 데 특히 유용합니다. 자애의 마음은 자신뿐 아니라 다른 존재들도 행복하기를 바라는 마음이므로 자애를 통해서 화를 버릴 수 있기 때문입니다. 그래서 '자애수행'은 수행자들을 화로부터 보호해 줄 수 있는 매우 중요한 수행 방법입니다. 이런 자애의 마음을 계발하는 방법은 크게 두 가지, 즉 개인에 대하여 자애를 닦는 수행과 집단에 대하여 자애를 닦는 수행으로 나눌 수 있습니다. 그러면 먼저 개인에 대하여 자애를 닦는 방법부터 살펴보겠습니다.

개인에 대하여 자애를 닦을 때 주의할 점은 이성異性이나 죽은 사람을 자애의 대상으로 삼지 않는다는 것입니다. 이성을 대상으로 삼으면 이기적인 애욕이 일어나기 쉽습니다. 꼭 이성에게 자애를 계발하고 싶다면 그 대상을 이성 전체로 하여 자애를 닦는 방식이 좋습니다. 예를 들어 '모든 여성이 행복하기를!' 또는 '모든 남성이 행복하기를!' 하는 식으로 자애를 닦을 수 있습니다. 그리고 자애는 생명이 있는 존재를 대상으로 삼아 일어나는 마음이므로 죽은 사람에게 자애를 계발하는 수행은 의미가 없습니다. 다만 죽어서 다시 태어난 존재를 향해 자애를 닦는 수행은 가능합니다. 예를 들어 '돌아가신 부모님이 다시 태어난 곳에서 건강하고 행복하기를!'이라고 자애를 닦을 수 있습니다.

개인에 대하여 자애수행을 할 때는 자애를 계발하기 쉬운 대상부터 시작하여 점차 자애를 계발하기 어려운 대상으로 전환해 수행하는 것이 좋습니다. 그렇지 않고 처음부터 원수처럼 자애가 생기기 어려운 대상을 향해 자애를 계발하려고 하면 자애수행이 매우 어렵습니다. 그래서 자애를 계발하기 쉬운 대상부터 자애를 기른 후에 자애의 힘이 강해지면 점차 어려운 대상으로 옮겨 가는 방식이 바람직합니다. 자애수행의 대상은 쉬운 대상부터 어려운 대상까지 크게 다섯 가지, 즉 자기 자신, 존경하는 사람, 사랑하는 사람, 무관심한 사람, 미워하는 사람으로 나눌 수 있습니다. 그러면 이와 같은 다섯 부류의 대상에 대하여 자애를 닦는 방법을 차례대로 알아보겠습니다.

첫째, 자기 자신입니다. 다른 존재에 대한 자애를 계발하기 전에 우선 자기 자신을 향해 자애를 닦아야 합니다. 어떤 사람들은 이타적인 사랑만이 자애라고 생각하기도 합니다. 하지만 다른 존재의 행복만을 추구하고 자신의 행복은 소홀히 한다면 올바른 자애가 아닙니다. 붓다께서는 이 세상에서 자신보다 더 소중하고, 더 사랑스러운 사람은 찾을 수 없다고 말씀하셨습니다. 자신을 진정으로 사랑스럽게 여기는 사람은 남도 자신처럼 사랑스럽게 여기고 절대 남을 해치지 않습니다. 그러므로 진정한 자애는 자신도 행복하고, 타인도 행복하고, 둘 다 행복할 수 있어야 합니다. 붓다께서는 『말리까 경』에서 다음과 같이 설하셨습니다.

"마음으로 사방을 찾아보건만, 자신보다 사랑스러운 자 볼 수가 없네.

이처럼 누구에게나 자신이 사랑스러운 법, 그러므
로 자기를 사랑하는 자, 남을 해치지 마세."

자신에게 자애를 계발할 때는 '얼굴을 찡그린 모습'이
나 '피곤한 모습' 등이 아니라 '자신이 가장 행복한 모습' 중
한 가지를 대상으로 삼는 것이 좋습니다. 그렇게 행복한 모
습을 대상으로 삼아야 자신에게 자애를 쉽게 계발할 수 있
습니다. 그런 다음 좌선 등의 적당한 자세를 취한 뒤 눈을 감
고 '자신의 행복한 모습'을 얼굴 앞쪽에 약간 거리를 두고 떠
올린 후에 자신의 모습을 향해 '내가 건강하고 행복하기를,
모든 괴로움이 사라지기를!' 등과 같이 생각하면서 자애를
계발하기 위해 노력하면 됩니다. 이런 방법으로 자신에게
진심으로 자애가 일어날 때까지 반복해서 노력합니다.

이때 어떤 사람은 자신에 대한 분노와 불만족이 많아서
자신에 대한 자애가 잘 일어나지 않을 수도 있습니다. 그럴
때는 앞서 살펴본 화를 버리는 지혜들을 잘 활용하여 자신
에 대한 화를 버린 후에 자애를 계발하면 됩니다.

둘째, 스승이나 은사와 같이 존경하는 사람입니다. 자
신에 대한 자애를 계발한 사람은 자신을 넘어서 다른 존재

에 대해서도 자애를 계발해야 합니다. 다른 존재 중에 자애를 계발하기 가장 쉬운 대상은 존경하는 사람입니다. 자신이 존경하는 사람에게는 그 사람이 행복하기를 바라는 마음이 더 쉽게 일어나기 때문입니다. 존경하는 사람에 대한 자애를 계발할 때는 '그 사람의 가장 행복한 모습' 중 한 가지를 떠올립니다. 그런 다음 좌선 등의 적당한 자세를 취하고 눈을 감은 채 '존경하는 사람의 행복한 모습'을 얼굴 앞쪽에 약간의 거리를 두고 떠올린 후 존경하는 사람의 모습을 향해 '이 훌륭한 사람이 건강하고 행복하기를, 모든 괴로움이 사라지기를!' 등과 같이 생각하면서 자애를 계발하기 위해 노력합니다. 이런 방법으로 존경하는 사람에게 진심으로 자애가 일어날 때까지 반복해서 수행하면 됩니다.

셋째, 가족이나 친척 등과 같이 사랑하는 사람입니다. 존경하는 사람에 대한 자애를 계발한 사람은 사랑하는 사람에 대한 자애를 계발해야 합니다. 사랑하는 사람은 애착이 생기기 쉬우므로 자애를 계발할 때 대상에 대하여 애착이 생기지 않도록 주의해야 합니다. 사랑하는 사람에 대한 자애를 계발할 때도 마찬가지로 '사랑하는 사람의 가장 행복한 모습' 중 한 가지를 떠올립니다. 그런 다음 좌선 등의 적당한 자세를 취해 눈을 감고 '사랑하는 사람의 행복한 모습'을 얼굴 앞쪽에 약간 거리를 두고 떠올립니다. 그리고 사랑하는 사람의 모습을 향해 '이 훌륭한 사람이 건강하고 행복하기를, 모든 괴로움이 사라지기를!' 등과 같이 생각하면서 자애를 계발하기 위해 노력합니다. 이런 방법으로 사랑하는 사람에게 진심으로 자애가 일어날 때까지 반복해서 수행하면 됩니다.

넷째, 자신과 관계가 없는 무관심한 사람입니다. 사랑하는 사람에 대한 자애를 계발한 사람은 무관심한 사람에 대한 자애를 계발해야 합니다. 무관심한 사람에게 자애가 잘 생겨나지 않을 때는 과거 전생을 숙고하는 것도 도움이 됩니다. 붓다께서는 우리가 만나는 사람 중 과거 생에 자신의 부모, 형제, 자매, 친척이 아닌 경우를 찾기가 어렵다고 하셨습니다. 그래서 이 무관심한 사람이 과거 생에는 나의 부모, 형제, 자매, 친척이었을 수도 있음을 숙고하면 자애를 계발하기 쉽습니다. 무관심한 사람에 대한 자애를 계발할 때도 마찬가지로 '무관심한 사람의 가장 행복한 모습' 중 한 가지를 떠올립니다. 그런 다음 좌선 등의 적당한 자세를 취하고 눈을 감은 채 '무관심한 사람의 행복한 모습'을 얼굴 앞쪽에 약간 거리를 두고 떠올린 후 무관심한 사람의 모습을 향해 '이 훌륭한 사람이 건강하고 행복하기를, 모든 괴로움이 사라지기를!' 등과 같이 생각하면서 자애를 계발하기 위해 노력합니다. 이런 방법으로 무관심한 사람에게 진심으로 자애가 일어날 때까지 반복해서 수행하면 됩니다.

다섯째, 미워하는 사람입니다. 무관심한 사람에 대한 자애를 계발한 사람은 미워하는 사람에 대한 자애를 계발해야 합니다. 미워하는 사람에 대하여는 분노가 많기 마련이므로 이런 사람에 대한 자애가 생기기 매우 어렵습니다. 그럴 때는 앞서 설명한 화를 버리는 다양한 지혜들을 잘 활용하여 미워하는 사람에 대한 화를 버리고 나서 그 사람에 대한 자애를 계발하면 됩니다. 미워하는 사람에 대한 자애를 계발할 때도 마찬가지로 '미워하는 사람의 가장 행복한 모습' 중 한 가지를 떠올립니다. 그런 다음 좌선 등의 적당한 자세를 취하고 눈을 감아 '미워하는 사람의 행복한 모습'을 얼굴 앞쪽에 약간 거리를 두고 떠올린 후 미워하는 사람의 모습을 향해 '이 훌륭한 사람이 건강하고 행복하기를, 모든 괴로움이 사라지기를!' 등과 같이 생각하면서 자애를 계발하기 위해 노력합니다. 이렇게 미워하는 사람에게 진심으로 자애가 일어날 때까지 반복해서 노력하면 됩니다.

나와 남의 경계를 허물어라

자기 자신부터 시작하여 존경하는 사람, 사랑하는 사람, 무관심한 사람, 미워하는 사람에 이르기까지 모든 부류의 개인에 대하여 자애를 계발할 수 있게 된 사람은 개인들 사이의 경계를 허물 수 있습니다. 먼저 자기 자신을 제외한 네 가지 부류의 개인들을 원하는 인원만큼 정합니다. 그런 다음 네 가지 부류의 개인 중에서 한 명씩 선택하여 자기 자신, 존경하는 사람, 사랑하는 사람, 무관심한 사람, 미워하는 사람의 순서로 자애를 계발합니다. 예를 들어 각 부류의 인원을 열 명씩 정했다면 위의 순서대로 자애를 닦는 과정이 열 번 반복될 것입니다. 다시 말해서 자기 자신, 존경하는 사람, 사랑하는 사람, 무관심한 사람, 미워하는 사람, 다시 자기 자신, 존경하는 사람, 사랑하는 사람, 무관심한 사람, 미워하는 사람의 순서대로 열 번 반복해서 자애를 계발하면 됩니다. 그렇게 수행하다 보면 자기 자신과 네 부류의 사람들 사이에 경계가 허물어집니다. 다시 말해서 자기 자신, 존경하는 사람, 사랑하는 사람, 무관심한 사람, 미워하는 사람 사이에 아무런 차별 없이 동등하게 자애가 일어나게 됩니다. 이렇게 되었을 때 나와 타인 사이의 경계가 허물어졌다고 합니다.

이와 같은 경계 허물기를 더 확장해 나가면 나와 타인뿐 아니라 지옥 중생, 축생, 아귀, 인간, 천신 등 모든 부류의 존재들에게도 아무 차별 없이 동등하게 자애가 일어나게 됩니다. 그러면 나와 남의 구분이 없어지고, 인간과 지옥 중생, 축생, 아귀, 천신 등의 구분이 없어지면서 세상의 모든 존재에 대해 경계가 허물어집니다. 이로 인하여 세상의 모든 존재에게 아무런 차별 없이 자애가 일어나게 됩니다. 불교의 경전 중에 『자애경』에 보면 '마치 어머니가 하나뿐인 아들을 보호하듯이, 모든 존재를 향해 가없는 자애를 닦아야 합니다.'라는 구절이 나옵니다. 이 말씀은 마치 하나뿐인 아들이 행복하기를 바라는 마음처럼 인간뿐 아니라 지옥 중생, 축생, 아귀, 천신까지도 포함하여 모든 존재가 행복하기를 바라는 마음을 가져야 한다는 가르침입니다. 이렇게 나와 남의 경계가 허물어지고, 모든 존재에 대한 경계가 허물어졌을 때 비로소 개인에 대한 자애를 뛰어넘어 다양한 존재들의 집단에 대해 자애를 계발할 수 있습니다.

집단에 대한 자애수행

개별적인 존재에 대하여 경계가 허물어졌다면 다양한 집단에 대한 자애를 계발할 수 있습니다. 먼저 집단은 크게 두 가지, 즉 전체 집단와 제한된 집단으로 나눌 수 있습니다. 예를 들어 모든 존재, 모든 생명체, 모든 중생, 모든 개체 등은 전체 집단입니다. 이에 비해 모든 여성, 모든 남성, 모든 깨달은 사람, 모든 깨닫지 못한 범부, 모든 인간, 모든 천신, 모든 악처의 중생 등은 제한된 집단입니다. 이러한 다양한 집단 중에서 자신이 자애를 계발하고 싶은 집단을 정하여 자애를 계발할 수 있습니다. 예를 들어 '모든 존재가 건강하고 행복하기를! 모든 생명체가 건강하고 행복하기를!' 등과 같이 생각하면서 전체 집단에 대해 자애를 계발할 수도 있습니다. 혹은 '우리 가족이 건강하고 행복하기를! 모든 남성이 건강하고 행복하기를! 모든 여성이 건강하고 행복하기를! 모든 동물이 건강하고 행복하기를!' 등과 같이 생각하면서 제한된 집단에 대해 자애를 계발할 수도 있습니다.

또 제한된 공간 안에 있는 제한된 존재에 대한 자애를 계발할 수 있습니다. 예를 들어 비행기를 탈 때 '이 비행기 안에 있는 모든 사람이 건강하고 행복하기를! 모든 괴로움에서 벗어나기를!' 등과 같이 생각하면서 자애를 계발할 수 있습니다. 또 회사에서 '이 회사에 다니고 있는 모든 사람이 건강하고 행복하기를! 모든 괴로움에서 벗어나기를!' 등과 같이 생각하면서 자애를 계발할 수도 있습니다. 더욱이 동물원에 갔을 때에는 '이 동물원 안에 있는 모든 동물이 건강하고 행복하기를! 모든 괴로움에서 벗어나기를!' 등과 같이 생각하면서 자애를 계발할 수 있고, 수행처에 갔을 때 '이곳에 있는 모든 수행자가 건강하고 행복하기를! 모든 괴로움에서 벗어나기를!' 등과 같이 생각하면서 자애를 계발할 수 있습니다.

혹은 제한된 공간에서부터 점점 공간을 확장해 무한한 공간에 이르기까지 그곳에 있는 모든 존재에 대한 자애를 계발할 수도 있습니다. 예를 들어 '이 버스나 지하철에 있는 모든 존재가 건강하고 행복하기를!' 등과 같이 생각하면서 정해진 공간에 있는 모든 존재에 대해 자애를 계발할 수 있습니다. 더 나아가 '강남에 있는 모든 존재가 건강하고 행복하기를! 서울에 있는 모든 존재가 건강하고 행복하기를! 대한민국에 있는 모든 존재가 건강하고 행복하기를! 지구에 있는 모든 존재가 건강하고 행복하기를! 우주에 있는 모든 존재가 건강하고 행복하기를!' 등과 같이 생각하면서 점점 확장된 공간에 있는 모든 존재에게 자애를 계발할 수 있습니다.

지금까지 살펴보았듯이 개인에 대한 자애로부터 시작해 제한된 집단, 전체 집단으로 자애를 확장하여 계발할 수 있습니다. 이렇게 개인뿐 아니라 다양한 집단에 대해서도 자애를 계발한 사람은 세상에 있는 존재라면 가까이 있든 멀리 있든, 저열하든 뛰어나든, 거칠든 미세하든, 동물이든 사람이든, 남자이든 여자이든, 가난하든 부자이든, 불교 신자이든 기독교 신자이든 천주교 신자든, 보수파든 진보파든, 보통 사람이든 깨달은 사람이든 어떤 존재라도 차별하지 않고 동등하게 자애를 일으킬 수 있습니다. 이렇게 자애를 계발한 사람은 '모든 존재가 행복하기를! 모든 존재가 괴로움에서 벗어나기를!'이라고 바랄 뿐, 존재들에게 화를 내거나 해치거나 괴롭히지 않습니다. 이처럼 자애를 열심히 닦으면 화를 버릴 수 있을 뿐만 아니라 화를 예방할 수도 있습니다.

○ 스마트폰 카메라로 QR 코드를 비추면 일묵 스님의 '자애수행' 강의 영상을 시청하실 수 있습니다.

「자애송」독송

내가 증오에서 벗어나기를 바랍니다!

내가 악의에서 벗어나기를 바랍니다!

내가 몸과 마음의 괴로움에서 벗어나기를 바랍니다!

내가 자신의 행복을 유지하기를 바랍니다!

나의 부모님

스승들과 친척들, 친구들

함께 수행하는 도반들이

증오에서 벗어나기를 바랍니다!

악의에서 벗어나기를 바랍니다!

몸과 마음의 괴로움에서 벗어나기를 바랍니다!

그들이 자신의 행복을 유지하기를 바랍니다!

이 사원에 있는 모든 수행자들이

증오에서 벗어나기를 바랍니다!

악의에서 벗어나기를 바랍니다!

몸과 마음의 괴로움에서 벗어나기를 바랍니다!

그들이 자신의 행복을 유지하기를 바랍니다!

이 사원의 모든 비구 스님들과 사미승들이

우바새(남성 신자)와 우바이(여성 신자)들이

증오에서 벗어나기를 바랍니다!

악의에서 벗어나기를 바랍니다!

몸과 마음의 괴로움에서 벗어나기를 바랍니다!

그들이 자신의 행복을 유지하기를 바랍니다!

우리에게 네 필수품(의·식·주·약)을 보시한 분들이

증오에서 벗어나기를 바랍니다!

악의에서 벗어나기를 바랍니다!

몸과 마음의 괴로움에서 벗어나기를 바랍니다!

그들이 자신의 행복을 유지하기를 바랍니다!

우리를 지켜주는 천신들이

이 절에서, 이 처소에서

이 사원에서 지켜주는 천신들이

증오에서 벗어나기를 바랍니다!

악의에서 벗어나기를 바랍니다!

몸과 마음의 괴로움에서 벗어나기를 바랍니다!

그들이 자신의 행복을 유지하기를 바랍니다!

모든 중생들, 모든 숨 쉬는 존재들

모든 존재들, 모든 개인들

모든 개별적인 존재들

모든 여성, 모든 남성

모든 성인聖人, 모든 범부

모든 천신, 모든 인간

모든 사악처(지옥, 아귀, 아수라, 축생)의 중생이

증오에서 벗어나기를 바랍니다!

악의에서 벗어나기를 바랍니다!

몸과 마음의 괴로움에서 벗어나기를 바랍니다!

그들이 자신의 행복을 유지하기를 바랍니다!

괴로움에서 벗어나기를 바랍니다!

이미 얻은 행복을 잃지 않기를 바랍니다!

모든 중생은 자기 업의 주인입니다.

동쪽에 있는, 서쪽에 있는

북쪽에 있는, 남쪽에 있는

남동, 북서, 남서, 북동에 있는

아래쪽에 있는, 위쪽에 있는

모든 중생들, 모든 숨 쉬는 존재들

모든 존재들, 모든 개인들

모든 개별적인 존재들

모든 여성, 모든 남성

모든 성인, 모든 범부

모든 천신, 모든 인간

모든 사악처의 중생들이

증오에서 벗어나기를 바랍니다!

악의에서 벗어나기를 바랍니다!

몸과 마음의 괴로움에서 벗어나기를 바랍니다!

그들이 자신의 행복을 유지하기를 바랍니다!

괴로움에서 벗어나기를 바랍니다!

이미 얻은 행복을 잃지 않기를 바랍니다!

모든 중생은 자기 업의 주인입니다.

위로는 가장 높은 천상[有頂天]에서부터

아래로 무간지옥無間地獄에 이르기까지

세계를 둘러싼 철위산鐵圍山에 있는

땅 위에서 다니는 생명들이

악의도 없고, 증오도 없이

괴로움도 없고, 재난도 없기를 바랍니다!

위로 가장 높은 천상에서부터

아래로 무간지옥에 이르기까지

세계를 둘러싼 철위산에 있는

물속에서 다니는 생명들이

악의도 없고, 증오도 없이

괴로움도 없고, 재난도 없기를 바랍니다!

위로 가장 높은 천상에서부터

아래로 무간지옥에 이르기까지

세계를 둘러싼 철위산에 있는

공중에서 다니는 생명들이

악의도 없고, 증오도 없이

괴로움도 없고, 재난도 없기를 바랍니다!

_「자애송」은 초기불교 경전인 『빠띠삼비다막가(무애해도)』에 포함되어 있습니다.
김재성 교수 번역

『자애경』독송

만약 어떤 장소에 낯선 존재가 나타나면 그곳에 이미 살고
있던 사람, 동물, 천신 등의 존재들이 불안해하고 경계하게
됩니다. 이와 같은 상황에서 새로 온 존재는 그곳에 이미 있
던 존재들이 가진 경계심을 잘 풀어 주어야 서로 다투지 않
고 편안하게 지낼 수 있습니다. 이를 위해서 붓다께서 설하
신 것이『자애경』입니다. 붓다께서는 이와 같은『자애경』을
설하신 후에 제자들에게 새로운 장소에서 수행할 때는 반드
시『자애경』을 독송하라고 당부하셨습니다.『자애경』을 독
송하면 그곳에 이미 살고 있던 존재들의 마음이 부드럽고
우호적이게 되어 새로 온 존재에 대한 경계심이 풀리게 됩
니다. 그러면 새로 온 존재와 기존의 존재들이 서로 다투지
않고 화합하여 함께 잘 지낼 수 있습니다. 더 나아가 이『자
애경』을 외워서 계속 독송함으로써 자신에게 일어나는 화
를 버리고 예방할 수도 있습니다.

선한 일에 능숙하여
적정寂靜의 경지를 이룬 이는
유능하고 정직하고 고결하며
온순하고 부드럽고 겸손해야 합니다.

만족할 줄 알고 공양하기 쉬우며
분주하지 않고 생활이 간소하며
고요하고 현명하며
거만하거나 탐착하지 말아야 합니다.

지혜로운 이가 나무랄 일은
그 어떤 것도 하지 않으며
모든 존재들이 안락하고 평화롭고
행복하기를 바라야 합니다.

살아 있는 생명이면 그 어떤 것이든
움직이거나 움직이지 않거나
길거나 크거나 중간이거나
짧거나 작거나 비대하거나

보이거나 보이지 않거나
가까이 있거나 멀리 있거나
이미 있거나 앞으로 태어날
모든 중생들이 행복하기를 바라야 합니다.

서로 속이지 말고
어디서나 누구라도 업신여기지 않으며
분노 때문이든 미움 때문이든
남의 고통을 바라지 말아야 합니다.

마치 어머니가 하나밖에 없는 아들을
목숨을 다해 보호하듯이
모든 존재를 향해
가없는 자애를 닦아야 합니다.

모든 세상을 향해
위 아래 그리고 옆으로
장애 없이 원한 없이 적의 없이
무량한 자애를 닦아야 합니다.

서서나 걸을 때나 앉아서나 누워서나

깨어 있는 한

자애의 마음을 잊지 않는 것

이것이 거룩한 삶입니다.

그릇된 견해에 빠지지 않고

계행戒行과 정견을 갖추어

감각적 욕망을 버리면

다시는 윤회의 모태에 들지 않을 것입니다.

_『자애경』은 초기불교 경전인 숫타니파타(143~152)에 설해져 있습니다.

03

부정관수행

몸에 대한 부정관수행

세상을 객관적으로 보지 못하는 이유는 욕망과 화가 있기 때문입니다. 욕망이 있으면 좋은 측면만 보고, 화가 있으면 나쁜 측면만 보게 되므로 마음의 균형이 깨져서 한쪽으로 치우친 생각을 하는 것입니다. 예를 들어 똑같은 사람을 봐도 그 사람에 대해 애착이 있으면 그 사람의 장점을 보고 좋아하지만, 그 사람을 미워하면 그 사람의 단점을 보고 싫어합니다. 그러므로 화를 버릴 때는 대상의 사랑스럽지 않은 측면보다는 사랑스러운 측면을 보는 자애를 닦고, 욕망을 버릴 때는 대상의 사랑스러운 측면보다는 사랑스럽지 않은 면을 보는 부정[asubha, 不淨]의 인식[saññā, 想]을 닦습니다. 이처럼 자애수행이 성냄을 버리는 데 초점을 맞춘 수행 방법이라면, 부정의 인식을 닦는 '부정관不淨觀수행'은 욕망을 버리는 데 초점을 맞춘 수행 방법입니다. 자애수행은 앞서 이미 설명했으므로 여기서는 부정관수행에 대하여 간단히 살펴보겠습니다.

부정관수행은 크게 두 가지, 즉 몸에 대한 부정관수행과 시체에 대한 부정관수행으로 나눌 수 있습니다. 먼저 몸에 대한 부정관수행에 대하여 간략히 살펴보겠습니다.

몸에 대한 부정관수행은 사람의 몸의 32부분에 대하여 부정한 인식을 계발함으로써 사람의 몸에 대한 애착을 버리는 수행입니다. 여기에서 몸의 32부분은 머리털, 몸털, 손발톱, 이빨, 살갗, 살, 힘줄, 뼈, 골수, 콩팥, 심장, 간, 근막, 비장, 허파, 창자, 장간막, 위 속의 음식, 똥, 뇌와 같은 단단하고 견고한 성질이 있는 20부분과 담즙, 가래, 고름, 피, 땀, 지방 기름, 눈물, 기름기, 침, 콧물, 관절액, 오줌과 같은 액체의 성질이 있는 12부분을 말합니다. 사람의 몸은 이와 같은 32부분으로 이루어져 있는데 이들은 사랑스럽지도 않고, 아름답지도 않다는 '부정의 인식'을 계발함으로써 몸에 대한 애착을 버릴 수 있습니다.

예를 들어 어떤 남자 수행자가 아름다운 여인의 모습을 보고 반해서 그 여인에 대한 애욕이 일어났다고 합시다. 이 수행자에게 애욕이 일어난 이유는 그녀의 아름다운 모습에만 주의를 기울였기 때문입니다. 그런데 그녀의 몸에는 아름다운 측면뿐 아니라 아름답지 못한 측면도 있습니다. 다시 말해서 그녀의 몸에는 머리털, 몸털, 뼈, 위 속의 음식, 똥, 오줌, 가래, 고름 등 32가지 형태의 아름답지 못한 부정한 모습도 있습니다. 이렇게 그녀의 몸에는 32가지 아름답지 못한 측면도 있음을 분명히 알게 되면 '그녀의 몸은 아름다운 모습뿐 아니라 부정한 모습도 가지고 있구나.'라고 치우침 없이, 편견 없이 객관적으로 통찰하게 됩니다. 이런 통찰을 통해 그녀의 아름다운 모습에 달라붙어 있던 마음이 움츠러들고 멀어지게 되면서 그녀의 몸에 대한 애욕을 버릴 수 있게 됩니다. 마치 새의 깃털이 불에 닿으면 움츠러드는 것처럼. 더 나아가 몸에 대한 부정관수행은 몸의 32부분 각각에서 '부정의 인식'을 계발함으로써 32가지 형태의 선정을 계발할 수도 있지만, 이와 같은 수행은 이 책의 범위를 넘어서기 때문에 생략하겠습니다.

시체에 대한 부정관수행

시체에 대한 부정관수행은 죽어서 시체가 된 몸에 관해 숙고하여 그것에 대한 부정의 인식을 계발함으로써 몸에 대한 애착을 버리는 수행을 말합니다. 다시 말해서 시체에 대한 부정관수행은 몸이 늙어서 피부가 쭈글쭈글해지고 죽음을 맞이하여 시체가 된 모습이나, 시체가 부패하여 검푸르게 부풀어 오르는 모습이나, 몸이 썩어서 구더기가 생기는 모습이나, 살이 썩어서 뼈만 남은 모습이나, 뼈가 부서져 가루가 된 모습 등을 통해서 '부정의 인식'을 계발하여 몸에 대한 애착을 버리는 수행을 말합니다.

예를 들어 어떤 여자 수행자가 멋진 남자의 모습을 보고 반해서 그 남자에 대한 애욕이 일어났다고 합시다. 이때 그 남자의 몸이 지금은 건강하고 멋있지만, 늙고 나이가 들어 죽게 되면 시체가 되고, 시체가 되어 부패해 뼈만 남는 모습을 관찰함으로써 그의 몸이 사랑스럽지도 않고 아름답지도 않다는 '부정의 인식'을 계발할 수 있습니다. 이와 같은 부정의 인식이 생기면 '그의 몸은 멋진 모습뿐 아니라 부정한 모습도 가지고 있구나.'라고 분명하게 통찰하게 됩니다.

이런 통찰을 통해 그의 몸에 대한 애착을 버릴 수 있습니다. 지금까지 살펴본 두 가지 부정관수행은 둘 다 몸에 대한 욕망을 버리는 데 매우 효과적인 수행 방법입니다.

나가며

사람들이 몸이 아프면 병원에 찾아가 의사에게 병이 무엇인지, 병의 원인은 무엇인지, 병이 낫고 건강해질 수 있는지, 건강해질 수 있다면 병이 낫기 위한 처방은 무엇인지에 대하여 진단과 처방을 받습니다. 이렇게 의사에게 정확한 진단과 처방을 받고 난 후에는 환자 스스로 의사의 처방대로 병을 치료하기 위해 열심히 노력해야 병이 나을 수 있습니다.

마찬가지로 지금까지 화란 무엇인지, 화의 원인은 무엇인지, 화의 소멸은 가능한지, 화를 버리는 방법은 무엇인지에 대하여 살펴보았습니다. 이렇게 화에 대한 정확한 진단과 처방을 얻었다면 그것만으로 충분하지 않습니다. 반드시 수행자 스스로 화를 버리기 위해 열심히 노력해야 화를 버릴 수 있습니다.

화는 단지 지식으로 안다고 버려지지 않습니다. 화를 버리는 방법을 배웠다면 그것을 자신에게 일어나는 화에 적용해서 화가 버려질 때까지 노력해야 합니다. 배운 대로 실천하여 화가 실제로 버려졌을 때 지식은 비로소 지혜가 됩니다.

화를 버리는 일은 어렵지만 불가능한 일은 아닙니다. 누구라도 바른 방법에 따라 포기하지 않고 열심히 노력한다면 어렵지만, 분명히 가능한 일입니다. 모든 존재의 모습은 고정불변한 것이 아니라 항상 변하는 것입니다. 현재 화가 많은 사람이라고 해서 영원히 화가 많은 사람은 아닙니다. 화가 많은 사람도 화의 위험성을 이해하고 화를 버리기 위해 열심히 수행한다면 화가 점차 사라지고 자애로운 사람이 될 수 있습니다.

이처럼 사람은 얼마든지 변할 수 있음을 잊지 말아야 합니다. 만약 태어날 때부터 나쁜 사람과 좋은 사람, 악마와 천사가 정해져 있고 바뀔 수 없다면 참으로 끔찍한 일일 것입니다. 한번 나쁜 사람으로 태어나면 영원히 나쁜 사람이 되므로 그 사람에게는 좋은 사람으로 변할 수 있는 여지가 아예 없을 것이기 때문입니다. 하지만 불교에서는 세상의 모든 것은 무상하므로 모든 사람은 변할 수 있다고 말합니다. 현재 욕망이나 화가 많은 사람을 '나쁜 사람'이라 부르고, 현재 마음에 지혜와 자비가 많은 사람을 '좋은 사람'이라고 부를 뿐이지 영원히 좋은 사람이나 나쁜 사람은 없다고 말합니다. 그래서 지금은 나쁜 사람이라 할지라도 수행을 통해 욕망과 화를 버리면 좋은 사람이 될 수 있습니다.

따라서 현재 자신의 모습이 부족하더라도 자신을 싫어하거나 원망할 필요가 없습니다. 자신의 부족한 면을 알았다면, 그것을 채우기 위해 바르게 노력하면 됩니다. 그러면 지금보다 훨씬 좋고 훌륭한 사람으로 변할 수 있습니다. 다시 말해서 자신에게 공덕이 부족하다고 생각하면 공덕을 짓기 위해 노력하고, 삼매가 부족하다고 생각하면 삼매를 계발하기 위해 노력하고, 지혜가 부족하다고 생각하면 지혜를 계발하기 위해 노력하면 됩니다. 이렇게 부족한 것을 하나하나 메워 나가다 보면 점점 좋은 사람이 될 뿐 아니라 궁극적으로 욕망과 화를 완전히 버리고 괴로움을 소멸할 수 있습니다.

모든 세상을 향해

위 아래 그리고 옆으로

장애 없이 원한 없이 적의 없이

무량한 자애를 닦아야 합니다.

서서 걸을 때나 앉아서나 누워서나

깨어 있는 한

자애의 마음을 잊지 않는 것

이것이 거룩한 삶입니다.

그릇된 견해에 빠지지 않고

계행과 정견을 갖추어

감각적 욕망을 버리면

다시는 윤회의 모태에 들지 않을 것입니다.

◆

하루 동안 일어난 화와 일상에서
실천한 수행을 되돌아보는
지혜 단련 노트 〈반조 일기〉를
무료 배포합니다.
불광미디어 홈페이지
www.bulkwang.co.kr에서
다운로드받아 사용하실 수
있으며, 상업적 목적으로의
이용은 불가합니다.

다운로드 페이지 바로 가기 :
https://bit.ly/3Cpb9lA

화
`
이
해
하
면
사
라
진
다

ⓒ 일묵, 2021

2021년 7월 21일 초판 1쇄 발행
2021년 9월 24일 초판 4쇄 발행

지은이 일묵
발행인 박상근(至弘) • 편집인 류지호 • 상무이사 양동민 • 편집이사 김선경
책임편집 김재호 • 편집 이상근, 양민호, 김소영, 권순범, 최호승 • 디자인 쿠담디자인
제작 김명환 • 마케팅 김대현, 정승채, 이선호 • 관리 윤정안
펴낸 곳 불광출판사 (03150) 서울시 종로구 우정국로 45-13, 3층
　　대표전화 02) 420-3200 편집부 02) 420-3300 팩시밀리 02) 420-3400
　　출판등록 제300-2009-130호(1979. 10. 10.)

ISBN 978-89-7479-929-8 (03150)
값 16,000원

잘못된 책은 구입하신 서점에서 바꾸어 드립니다.
독자의 의견을 기다립니다. www.bulkwang.co.kr
불광출판사는 (주)불광미디어의 단행본 브랜드입니다.